EIN LEBEN IM EXIL
DER VIERZEHNTE
DALAI LAMA

EIN LEBEN IM EXIL

DER VIERZEHNTE

DALAI LAMA

RAGHU RAI

Mit einer Einleitung von JANE PERKINS

EDEL

Edel Books
Ein Verlag der Edel Germany GmbH

Titel der Originalausgabe: *A God in Exile – The Fourteenth Dalai Lama*, erschienen bei Roli Books Pvt. Ltd., M-75, Greater Kailash-II Market, Neu-Delhi-110 048, Indien

Neumühlen 17, 22763 Hamburg
www.edel.com
1. Auflage 2018

Projektkoordination: Nina Schnackenbeck
Übersetzung: Dr. Cornelia Panzacchi
Lektorat: Andrea Schick für bookwise GmbH
Design: Sneha Pamneja
Editor: Saachi Khurana
Layout: Bhagirath Kumar
Umschlagadaption: GROOTHUIS.
Gesellschaft der Ideen und Passionen mbH |
www.groothuis.de

Printed at Thomson Press India Limited

ISBN 978-3-8419-0634-2

VORWORT

Ich bin zu der Überzeugung gelangt, dass die Seele Seiner Heiligkeit des 14. Dalai Lama von derselben seltenen Reinheit ist, wie es die Seelen von Jesus Christus und Buddha gewesen sein mussten.

Seit 1975 pflege ich eine besondere Beziehung zu ihm. Damals fotografierte ich den Dalai Lama für den *Statesman*. Am zweiten Tag fragte ich, ob ich in sein Zelt kommen und weitere Aufnahmen machen dürfte, was er auch erlaubte. Er hinterließ bei mir einen bleibenden Eindruck: Er war sanft, bescheiden und geheimnisvoll zugleich. Es mag sich seltsam anhören, aber ich hatte das Gefühl, dass wir uns – trotz seiner außergewöhnlichen Position – auf Augenhöhe begegneten. Rückblickend führe ich das auf die natürliche Freundlichkeit Seiner Heiligkeit zurück und darauf, dass ihm Eitelkeit fremd ist. Unsere Freundschaft festigte sich im Laufe der Zeit. Durch meine Fotoarbeiten lernte ich Seine Heiligkeit immer besser kennen, und mein Respekt für ihn wuchs und wuchs.

Ich hatte über Jahre hinweg immer wieder Gelegenheit, Seine Heiligkeit zu fotografieren. Die Aufnahmen in diesem Buch werden absichtlich nicht chronologisch präsentiert. Das Buch soll vielmehr das Entstehen einer bestimmten Emotion in einem »Raum« verdeutlichen, in etwa so, wie ein Baum an einem Ort wächst. Die Fotos ermöglichen Einblicke in das Leben des Dalai Lama, und, was mir noch wichtiger ist, in seinen Charakter. Dies wird besonders bei den Porträtaufnahmen deutlich.

Die kenntnisreiche, einfühlsame und doch objektiv gehaltene Einführung von Jane Perkins liefert den Kontext zu den Bildern. Sie bringt dem Leser die Geschichte der Dalai Lamas nahe und berichtet über die frühen Jahre des 14. Dalai Lama und über sein Leben im Exil. Die im Buch gezeigten Fotos bilden einen Spannungsbogen, der mit Aufnahmen vom 80. Geburtstag Seiner Heiligkeit endet – und damit mit einer emotionalen und sehr persönlichen Note.

Ich durfte den Dalai Lama in vielen unterschiedlichen Situationen fotografieren, nicht nur bei zeremoniellen Anlässen. Die Bilder zeigen ihn als einen heiteren und bodenständigen Mann, als hochgeschätzten Freund und verehrungswürdige Persönlichkeit. Ganz besonders hoffe ich, dass es mir gelungen ist, sein kindlich-unbeschwertes Lachen einzufangen – und auch seine Hilfsbereitschaft gegenüber Bedürftigen. Er besitzt eine jener heiligen Seelen, die auf der Erde weilen, um menschliches Leid zu lindern. Das Bestreben, anderen zu helfen, ist tief in ihm verankert, was ihn gerade in unseren unruhigen Zeiten zu einer herausragenden Persönlichkeit macht.

Als Seine Heiligkeit das erste Mal nach Indien kam, war das Interesse der internationalen Öffentlichkeit an Tibet nicht allzu groß. Erst nachdem China dem kleinen Land gegenüber als Aggressor auftrat, wollten die Menschen mehr über den Konflikt und insbesondere über die tibetische Sicht der Dinge erfahren. Auch darüber möchte dieses Buch informieren.

Ich denke, dass die Bilder vermitteln, wie sehr ich Seine Heiligkeit verehre. In der Regel folge ich bei meiner Arbeit einem strikten Plan, für diese Aufnahmen jedoch ließ ich mich einfach treiben: nach Mysore, Bodhgaya, Ladakh ...

Der Dalai Lama festigte mein Vertrauen in die Menschheit. Mittlerweile bin ich davon überzeugt, dass spirituelle Energie dort triumphiert, wo alles andere versagt. Und ich hoffe, dass sich dieses Vertrauen bei der Lektüre des Buches auf den Leser überträgt.

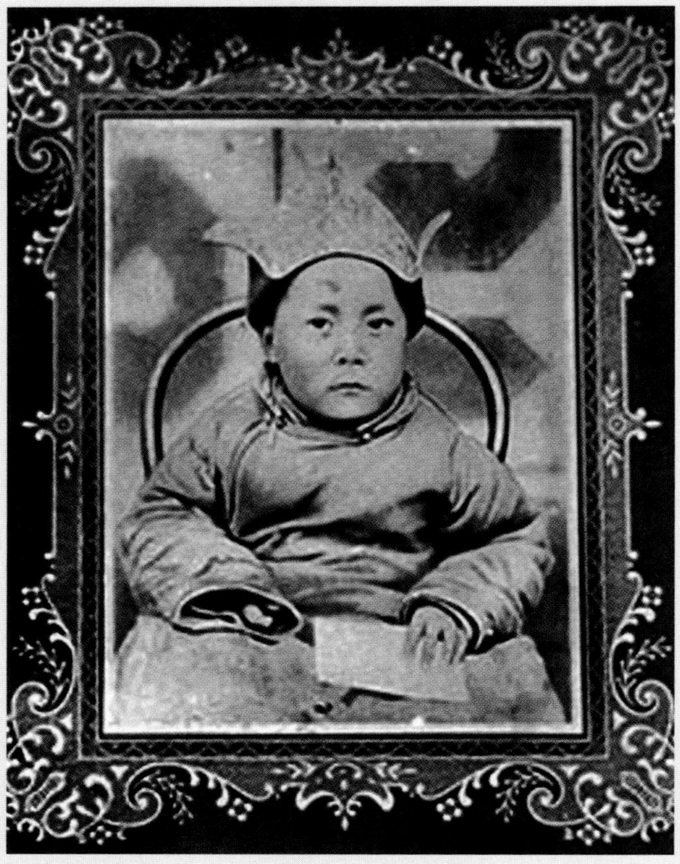

FRÜHE JAHRE
IN TIBET
UND DIE FLUCHT

Jane Perkins

Diese Doppelseite:
Der aus dem 17. Jahrhundert stammende Potala-Palast in den 1930er-Jahren. Die Winterresidenz des Dalai Lama thront über Tibets Hauptstadt Lhasa.

Seite 6: Der Kandidat, der zum 14. Dalai Lama werden sollte, im Kloster Kumbum in der nordöstlichen tibetischen Provinz Amdo.

Februar 1910 in Hastings House, Kalkutta: Der Große 13. Dalai Lama
und Charles Bell, der britische Repräsentant für Tibet.
Dahinter stehend: Der Maharaj Kumar, Kronprinz von Sikkim.

Im Jahr 1909 gönnte sich der 13. Dalai Lama ein kleines Picknick neben einem Stupa – der buddhistische Bau thronte hoch über dem malerischen Dorf Taktser in der Provinz Amdo. Gesättigt stieg er den Hang hinunter, besuchte jeden einzelnen Bauernhof und erkundigte sich nach den Namen der Besitzer. Anschließend kehrte er zu dem Stupa zurück und meditierte. Seinem Gastgeber Taktser Rinpoche sagte er später, er würde eines Tages gern in dieses Dorf zurückkehren.

26 Jahre später wurde in einem der Bauernhäuser von Taktser der 14. Dalai Lama, Tenzin Gyatso, in eine Familie hineingeboren, deren ältester Sohn zu diesem Zeitpunkt bereits im nahen Kloster Kumbum als Reinkarnation von Taktser Rinpoche inthronisiert war.

Der Große 13. Dalai Lama, wie man ihn später nannte, befand sich nach der Eroberung seiner Heimat durch britische Kolonialtruppen 1904 im Exil und hielt sich in der Mongolei und dem von der Qing-Dynastie regierten China auf. Die Younghusband-Militärexpedition sollte angeblich eine Handelsroute zwischen Kalkutta und Tibet erschließen, tatsächlich aber ging es um Territorien, Macht und Einfluss in Zentralasien. Der 13. Dalai Lama war in einen Konflikt zwischen dem zaristischen Russland und dem britischen Empire geraten.

Nur zwei Monate nach seiner Rückkehr in den Potala-Palast in Lhasa musste der 13. Dalai Lama im Februar 1910 erneut fliehen. Zu Pferd entkam er nach Indien, verfolgt vom Kavallerieregiment eines chinesischen Warlords. China befand sich in Aufruhr, die Bevölkerung begehrte gegen die Qing-Herrscher auf, und erst nach zweijährigem Exil in Darjeeling konnte der Dalai Lama nach Lhasa zurückkehren. Eine republikanische Regierung hatte die Manchu-Dynastie gestürzt.

Während seines Aufenthalts in Darjeeling freundete sich der 13. Dalai Lama mit Charles Bell an, dem britischen Repräsentanten für Tibet, Sikkim und Buthan. Bell erklärte dem buddhistischen Würdenträger, welche Institutionen er nach seiner Rückkehr in seine Heimat und deren Unabhängigkeitserlangung einführen sollte. Bis zum frühen Tod des 13. Dalai Lama, 1933 mit nur 58 Jahren, war das Territorium von Groß-Tibet einschließlich der drei Provinzen U-Tsang, Kham und Amdo unabhängig und nicht von China besetzt.

Allerdings war dem 13. Dalai Lama bewusst, dass seinem Land infolge des Sieges der Kommunisten in Russland 1917 sowie des Aufstiegs eines jungen marxistischen Staatsoberhaupts in China Gefahren drohten. In einem prophetischen, im Frühjahr 1932 veröffentlichten Letzten Testament warnte der 13. Dalai Lama seine Untertanen vor herannahendem Unheil.

Er erinnerte sie an die Ereignisse des Jahres 1909, als die Chinesen von Osten her nach Tibet eingedrungen waren. »Ich versammelte meine Minister und Beamten und zog mich in das heilige Land Indien zurück, von wo aus ich die britische Regierung ersuchte, zwischen China und uns zu vermitteln. Die Briten versuchten es, doch die Chinesen reagierten nicht darauf.« Nachdem der Dalai Lama für positive Veränderungen der Situation Tibets gebetet hatte, brach in China der Bürgerkrieg aus, »sodass wir sie allmählich verdrängen und aus unserem Land vertreiben konnten«.

Zur Gefährdung Tibets schrieb er weiter:

> »... wir müssen uns vor den barbarischen roten Kommunisten hüten, die überall, wo sie hingehen, Terror und Zerstörung bringen. In der Mongolei ... verwüsteten und plünderten sie die Klöster ... zerstörten die Religion ... Es wird nicht lange dauern, und sie werden vor unseren Toren stehen. Wenn das geschieht, müssen wir bereit sein, uns zu verteidigen, denn sonst werden unsere spirituellen und kulturellen Traditionen vernichtet. Sogar die Namen des Dalai Lama und des Panchen Lama werden ausgelöscht ... Die Klöster werden geplündert, die Mönche und Nonnen getötet oder weggejagt ... Wir werden zu Sklaven der Eroberer und müssen hilflos wie Bettler umherstreifen.«

In diese von Umwälzungen erschütterte Welt wurde der 14. Dalai Lama hineingeboren, im sechsten Monat des tibetischen Jahres des Ebers oder, nach unserer Zeitrechnung, am 6. Juli des Jahres 1935.

Seine Mutter Dekyi Tsering hatte vor ihm vier Kinder zur Welt gebracht. Die älteste Tochter half der Mutter im Haushalt und bei landwirtschaftlichen Arbeiten. Der 1922 geborene älteste Sohn war als einer der 30 *Tulkus* oder reinkarnierten Hohen Lamas erkannt worden und residierte in dem einen Tagesritt entfernten Kloster Kumbum. Drei männliche Säuglinge starben vor der Geburt weiterer Söhne 1929 und 1933. Als Dekyi Tsering im Sommer 1934 feststellte, dass sie erneut schwanger war, machte sie sich um ihr Baby Sorgen. Und als ihr Ehemann

Ende 1935: Der Dalai Lama als Baby auf dem Schoß seiner Mutter
im Dorf Taktser. Daneben sein Vater Choekyong Tsering.
Zu Füßen seiner Eltern sitzt der zweitälteste Sohn Gyalo Thondup.

Anfang 1935 krank wurde und die Pferde und Maultiere der Familie ohne ersichtlichen Grund verendeten, sah die Zukunft der Familie düster aus. Freunde und Nachbarn aber deuteten die Schwierigkeiten als Omen bevorstehender freudiger Ereignisse.

In der fernen Landeshauptstadt Lhasa bereitete sich derweil der Regent Reting Rinpoche auf die Suche nach dem neuen Dalai Lama vor. Der 13. Dalai Lama hatte einige Hinweise hinterlassen und als sein Leichnam vor der Mumifizierung mit dem Gesicht nach Süden auf den Thron gesetzt wurde, drehte sich der Kopf nach links in Richtung Osten. Am nordöstlichen Himmel bildeten sich ungewöhnliche Wolkenformationen.

Den endgültigen Hinweis aber lieferte eine Vision, die Reting Rinpoche hatte: Auf der Oberfläche des Sees Lhamoi Lhatso erschienen die tibetischen Buchstaben »a ka ma«, womit die Provinz Amdo gemeint sein musste. Darauf folgte die Erscheinung eines Klosters mit jadegrünem und goldenem Dach, eindeutig ein Abbild des Klosters Kumbum, das bei Amdos Hauptstadt Siling lag. Schließlich zeigte sich auf dem Wasser ein Bauernhaus mit türkisfarbenen Dachziegeln, einem knotigen Abflussrohr aus Wacholderholz und einem kleinen weißen Hund der Rasse Lhasa Apso im Hof.

1936 wurde das in der Vision erschienene Haus gefunden. Der Leiter der Suchkommission war als Landarbeiter verkleidet und wurde von der Bauernfamilie im Dienstbotentrakt untergebracht. In der Küche des Hauses kletterte ein knapp zwei Jahre alter Junge auf den Schoß des Mannes und fragte nach der Gebetskette, die dieser um den Hals trug – sie hatte dem 13. Dalai Lama gehört. Als er raten sollte, wer der Besucher sei, antwortete der kleine Junge im lokalen Dialekt: »Sera Lama.« Tatsächlich war der Kommissionsleiter Keutsang Rinpoche von der Klosteruniversität Sera bei Lhasa, und das Kind nannte auch noch die korrekten Namen einiger anderer Mitglieder der Suchkommission.

Wenige Tage später traf eine Gruppe hochgestellter Lamas ein, um weitere Tests durchzuführen. Sie hatten einige Gegenstände aus dem Besitz des 13. Dalai Lama dabei. Vor die Wahl gestellt, suchte der Junge von zwei identischen schwarzen Gebetsketten diejenige aus, die dem 13. Dalai Lama gehört hatte, und legte sie sich um den Hals. Auch als ihm zwei Zeremonialtrommeln, zwei Gehstöcke und zwei gelbe Gebetsketten vorgelegt wurden, wählte der Junge das richtige Objekt aus. Einer der Lamas erinnerte daran, dass der 13. Dalai Lama 1909 genau dieses Dorf erkundet hatte, und so telegrafierte man nach Lhasa: »Der Dalai Lama ist zurückgekehrt.«

In einer Welt ohne moderne Kommunikationstechnik war das Übermitteln von Nachrichten und insbesondere von vertraulichen Informationen wesentlich schwieriger als heute. Ma Bufang, ein muslimischer Warlord, der die Provinz Amdo für das republikanische China kontrollierte, erfuhr von dem Gerücht und ließ das Kind und seine Eltern zu sich nach Siling bringen. Er stellte Lösegeldforderungen, und nach monatelangen Verhandlungen über reitende Boten zahlte der Regent 40 000 Silberdollar an den Warlord, damit das Kind nach Lhasa gebracht werden durfte. Der designierte junge Dalai Lama verbrachte diese Zeit zusammen mit seinem ältesten Bruder Taktser Rinpoche und dem drittgeborenen, ebenfalls Mönch gewordenen Bruder Lobsang Samten im Kloster Kumbum.

Im Juli 1939 begann die dreimonatige Reise nach Lhasa. Der zukünftige Dalai Lama und Lobsang Samten wurden in einer von Maultieren getragenen Sänfte transportiert und von 50 Männern zu Pferd begleitet. Erst als die Expedition die sichere Region U-Tsang erreichte, wurde die Identität des Kindes offiziell bekannt gegeben, und der kleine Junge durfte gemeinsam mit seinem älteren Bruder in eine standesgemäße, vergoldete Sänfte umziehen. Am Morgen des 8. Oktober hatten sich die Einwohner von Lhasa in ihrer Festtagskleidung entlang den

1938: Der Dalai Lama wartete im Kloster Kumbum auf seine Anerkennung, während Mitglieder der Suchkommission durch reitende Boten mit Lhasa kommunizierten.

1938: Im Kloster Kumbum nahe Amdos Hauptstadt Siling. Der muslimische Warlord und Gouverneur Ma Bufang (Dritter von rechts) inmitten seiner Offiziere. Hinter dem Dalai-Lama-Kandidaten steht sein ältester Bruder Taktser Rinpoche.

Straßen der Stadt versammelt, die Feierlichkeiten konnten beginnen. Augenzeugen berichteten, dass der zu diesem Zeitpunkt erst vierjährige 14. Dalai Lama die Zeremonien, Besuche und Gebetsrituale aufmerksam verfolgte und eine für sein Alter bemerkenswerte Würde ausstrahlte.

Die Freude der Menge über die neue Reinkarnation des göttlichen Wesens, das Tibet nun schon seit drei Jahrhunderten regierte, war überschäumend. Einige der letzten Dalai Lamas – der 12., der 11., der 10. und der 9. – waren bereits sehr jung gestorben, der älteste von ihnen mit 21, der jüngste mit nur neun Jahren. Die ekstatische und zu Tränen gerührte Menge erflehte mit ihren Gebeten ein günstigeres Schicksal für die kostbare neue Inkarnation.

Die Reinkarnationslinie der Dalai Lamas reicht auf einen im 14. Jahrhundert geborenen großen Gelehrten zurück. An Lama Tsongkhapas Geburtsort wurde später das Kloster Kumbum erbaut. Seine Bemühungen um die Reinheit der Lehre lösten eine Erneuerungsbewegung aus, die sowohl das Klosterleben als auch philosophische Strömungen betraf und zur Gründung einer neuen Schule des tibetischen Buddhismus führte: *Gelug*, »die Tugendhaften«. Sein »Herz-Student« und Neffe sollte der 1. Dalai Lama werden.

Der 2. Dalai Lama war sehr offen und ökumenisch orientiert. Er ließ ein Kloster hoch über dem Lhamoi Lhatso erbauen und erschloss das spirituelle Potenzial des Sees, sodass Tibets mächtige Beschützerin, die Göttin Palden Lhamo Visionen auf der Wasseroberfläche erscheinen lassen konnte.

Der Titel Dalai Lama geht auf das späte 16. Jahrhundert zurück, auf einen Besuch des 3. Dalai Lama bei dem mongolischen Fürsten Altan Khan, der dem Religionsoberhaupt den Titel »Taleh Lama« verlieh. Der Khan hatte sich zuvor dem Buddhismus zugewandt, im Bestreben, die Ming-Dynastie zu stürzen und in China wieder die mongolische Herrschaft einzuführen. Der Urenkel von Altan Khan wurde zum 4. Dalai Lama erklärt und von einer mongolischen Militärabteilung eskortiert. Dies wiederum führte dazu, dass sein Nachfolger, der 5. Dalai Lama, als Erster den Ehrentitel »Großer Dalai Lama« tragen durfte.

Der 1617 als Ngawang Lobsang Gyatso geborene 5. Dalai Lama wurde 1642 zum weltlichen und spirituellen Herrscher über die drei tibetischen Provinzen. Er war ein hervorragender Gelehrter, dessen dynamische und ausdauernde Natur es ihm ermöglichte, das gesamte Hochland von Tibet zu bereisen, um zu lehren. Der Auslöser für seinen politischen Aufstieg war der bewaffnete mongolische Angriff unter der Führung von Gushri Khan auf die über das südliche Tibet herrschende Tsang-Dynastie. Ein Jahrzehnt später reiste der 5. Dalai Lama mit einer 3000 Mann starken Eskorte auf Einladung des Kaisers Shunzi nach Peking. Jahre später bat Kaiser Kangxi den 5. Dalai Lama, zwischen China und den Mongolen zu vermitteln. Im Laufe seines langen Lebens gelang es dem 5. Dalai Lama, im ganzen Land Infrastrukturen für Bildung und medizinische Versorgung schaffen. Sein bedeutendstes Erbe ist jedoch der immer noch über Lhasa thronende Potala-Palast.

Auf Anordnung des 5. Dalai Lama sollte sein Tod erst nach Fertigstellung des Potala-Palasts öffentlich bekannt gegeben werden. Aus diesem Grund wurde der Umzug des 6. Dalai Lama von seinem Geburtsort Tawang im heutigen indischen Bundesstaat Arunachal Pradesh nach Lhasa 14 Jahre lang hinausgezögert. Als es so weit war, befand sich die Inkarnation im Teenageralter: ein rebellischer, an weltlichen Vergnügungen interessierter Junge, der gern Sport trieb und Liebeslieder schrieb. Nachdem er sein Gelübde zurückgenommen hatte, zog er in eine Wohnung unterhalb des Palasts um. Im Alter von 23 Jahren kam er auf mysteriöse Weise am See Kokonor in Amdo ums Leben. Er war einer Einladung des Kaisers gefolgt und hatte sich sich auf dem Weg nach Peking befunden.

Infolge dieses Bruchs in der Linie schotteten sich der 7. und der 8. Dalai Lama gegen die politischen Intrigen des 18. Jahrhunderts ab, zogen sich ins Kloster zurück und widmeten ihr Leben dem Gebet und dem Verfassen religiöser Schriften.

Juli 1939: Nachdem die Suchkommission Ma Bufeng eine Anzahlung auf die geforderte Lösegeldsumme von 40 000 Silberdollar geleistet hatte, konnte der 14. Dalai Lama in einer von Maultieren getragenen Sänfte nach Lhasa gebracht werden.

16

In den späten 1940er-Jahren erhielt der Dalai Lama eine sehr intensive Ausbildung. Er musste viel auswendig lernen und sich in intellektuell anspruchsvollen Debatten gegen seine Lehrer behaupten. Im Rahmen seiner Inthronisierung durchlief er eine Reihe von Zeremonien.

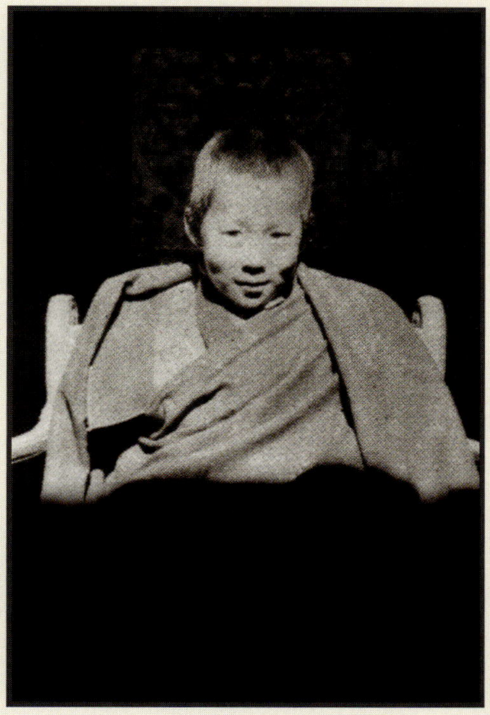

Aus buddhistischer Sicht könnten die Lebenswege des 12., des Großen 13. und des heutigen 14. Dalai Lama karmisch eng miteinander verwoben sein. Möglicherweise entschied sich der 12. Dalai Lama dafür, mit nur 18 Jahren zu sterben, damit der Große 13. Dalai Lama reif genug sein würde, um den enormen Problemen des frühen 20. Jahrhunderts gewachsen zu sein, als Tibet, die Mongolei und China von politischen Wirren erschüttert wurden. Der 13. Dalai Lama verstarb mit 58 Jahren – möglicherweise, damit der 14. Dalai Lama zu wahrer Größe heranreifen konnte, um sogar aus dem Exil Tibets Spiritualität und Identität zu bewahren und gleichzeitig bis weit ins 21. Jahrhundert hinein für das Wohl der Menschheit und den Frieden zu wirken.

In seinem ersten Jahr in der neuen Heimat Lhasa bewohnte der 14. Dalai Lama gemeinsam mit seinem Bruder den Sommerpalast Norbulingka. Seine Eltern waren in einem benachbarten Haus untergebracht. Auf dem großen Grundstück standen kleinere Paläste, die im Auftrag früherer Dalai Lamas erbaut worden waren. Es gab einen Obstgarten, einen See und die Überreste eines vom 13. Dalai Lama gegründeten Zoos, in dem immer noch Leoparden, Papageien, Pfauen und mongolische Kamele lebten. Für den vier- bis fünfjährigen Dalai Lama war diese Lebensphase eine geradezu paradiesische Zeit.

Im Winter 1940 zog er dann in seine Gemächer im obersten Stockwerk des Potala-Palasts um, wurde als spirituelles Oberhaupt Tibets inthronisiert und legte sein Gelübde ab. Seine Eltern wurden geadelt und bekamen ein Haus zu Füßen des Palasts. Die Schwester Tsering Dolma und sein Bruder Taktser Rinpoche zogen aus Amdo nach, sodass die Familie wieder vereint war. Ein Jahr später kam eine weitere Schwester namens Jetsun Pema zur Welt. In dieser Zeit durfte sich der Dalai Lama, wann immer er es wünschte, bei seiner Familie aufhalten.Seine Mutter besuchte ihre jungen Söhne gern sonntags zur Mittagszeit und brachte dann immer ihr Lieblingsbrot und anderes Gebäck mit.

Die Stockwerke unterhalb der in der 13. Etage des Palasts gelegenen Vierzimmerwohnung des Dalai Lama waren nicht beheizt, nur schwach von qualmenden Butterschmalzlampen erhellt und vom Staub der Jahrhunderte erfüllt. Der Dalai Lama erinnert sich an dieses »geräumige und faszinierende Gefängnis«: Es gab Kammern und Tresore mit kostbaren Geschenken chinesischer Kaiser und mongolischer Khans, mit historischen Rüstungen aus 1000 Jahren und 7000 dicken Büchern voller religiöser Texte und Biografien. Sein eigenes Kloster, Namgyal, befand sich im Westflügel, die Verwaltungsbüros im Ostflügel. Außerdem waren in dem riesigen Palast auch noch das Parlament, die Nationalversammlung und eine Verwaltungsschule für Mönche untergebracht.

Die Brüder rutschten die Treppengeländer hinunter, spielten Fangen und erkundeten das riesige Gebäude, das voller Überraschungen steckte. Diese unbeschwerte Zeit endete, als der Dalai Lama ungefähr acht Jahre alt war. Lobsang Samten wurde in ein Internat geschickt, und die Familienbesuche des Dalai Lama beschränkten sich auf einmal im Monat.

Seine Ausbildung spielte eine immer wichtigere Rolle, der Tagesablauf wurde zusehends strikter. Nach Übungen in Kalligrafie musste er buddhistische Texte auswendig lernen, die er später am Tag vortrug. Es folgte meist eine längere Besprechung mit Regierungsbeamten, während derer der Junge sehnsüchtig auf die Mittagsglocke wartete. Erst nach dem Klingeln durfte er bis zum Mittagessen eine Stunde lang spielen.

Ein Meccano-Metallbaukasten und eine aufziehbare Eisenbahn waren seine Lieblingsspielzeuge. Außerdem formte er aus Gerstenmehlteig kleine Panzer, Schiffe und Flugzeuge und forderte die Erwachsenen auf, es ebenfalls zu versuchen. Die Vorbilder für seine kleinen Konstruktionen fand er in Büchern über den Ersten Weltkrieg, die noch vom Großen 13. Dalai Lama stammten. Unter dessen Hinterlassenschaften waren auch ein Luftgewehr, Zielscheiben und Munition. Bei Schießübungen im Obstgarten bewies der Dalai Lama, dass er ein besserer Schütze als seine Brüder war. Der kostbarste

1942 empfing der damals siebenjährige Dalai Lama eine von US-Präsident Theodore Roosevelt entsandte Delegation. Diese bat um sicheres Geleit für einen Militärkonvoi, der auf einer alten Karawanenstraße militärische Ausrüstung nach China bringen sollte, um dort den Kampf gegen die japanische Besetzung zu unterstützen.

1951, im Garten des Norbulingka-Sommerpalasts: Ein offizielles Foto der Generäle der Volksbefreiungsarmee, die bald darauf ihre Macht über Tibet ausbauen sollten. Rechts neben dem 16-jährigen Dalai Lama (in dunkler maoistischer Uniform) steht General Zhang Jingwu, Tibets zukünftiger Generalgouverneur. Rechts von Zhang Jingwu ist der Volksbefreiungsarmee-Politkommissar General Tan Guansan zu sehen, dessen Einladung an den Dalai Lama, einer Theatervorstellung im Militärlager beizuwohnen, 1959 den Tibetaufstand in Lhasa und die Flucht des Dalai Lama ins indische Exil auslöste.

1954 leitete der Dalai Lama im Norbulingka-Sommerpalast bei Lhasa seine erste Kalachakra-Initiation. Er trägt den traditionellen tantrischen Kopfschmuck und zeremonielle Kleidung.

und nützlichste Fund aber war ein Teleskop, mit dem er jeden Abend das Leben in den Straßen von Lhasa beobachtete. Er konnte sogar die Gesichter der Insassen des nahen Gefängnisses erkennen. Wann immer ein Häftling das Teleskop aufblitzen sah, legte dieser sich voller Ehrfurcht flach auf den Boden.

Ab seinem zwölften Lebensjahr begann der Unterricht des Dalai Lama am Nachmittag mit 90 Minuten Allgemeinbildung. Es folgte eine Debattierstunde, bei der der Junge einem älteren, geübten Gesprächspartner auseinandersetzen sollte, was er an diesem Tag gelernt hatte. Dialektik ist eine einzigartige Diskussionsform, die bei der Erziehung in einem Gelug-Kloster eine zentrale Rolle spielt. Sie ist besonders geeignet, um intellektuelle Fortschritte erkennbar zu machen. Die Fähigkeit des Schülers, sich Inhalte zu merken und zu analysieren wird bei Rededuellen geprüft, in deren Verlauf die Gesprächsteilnehmer immer wieder die Rollen tauschen. Schlagfertigkeit und Humor sind dabei zentral, und der Dalai Lama zeigte eine überdurchschnittliche Begabung.

Nach seiner Aufnahme in Lhasas Klosteruniversitäten Sera und Drepung diskutierte der Dalai Lama mit führenden zeitgenössischen Gelehrten und studierte buddhistische Literatur. Er tat sich durch seinen Wissensdurst und eine für sein Alter erstaunliche Reife hervor, seine Religiosität festigte sich zunehmend. Doch als die Volksbefreiungsarmee in Tibet eindrang und der Dalai Lama sich gezwungen sah, seine Rolle als weltliches Staatsoberhaupt zu übernehmen, musste er feststellen, dass sein Wissen über Geschichte und Politik nicht ausreichte und er nicht in der Lage war, das Land zu regieren.

Die feierfreudige Bevölkerung von Lhasa schien die Warnung des 13. Großen Dalai Lamas vor der »roten Flut« wohl vergessen zu haben, denn sie ließ sich von den politischen Entwicklungen zunächst kaum beeindrucken. Im buddhistischen Kalender folgte ein religiöses Fest auf das andere. Den Höhepunkt des Sommers stellte eine rituelle, von Gebeten für das Wohlergehen aller Lebewesen begleitete Opferung von Weihrauch dar. Die von Adeligen und anderen hochgestellten Persönlichkeiten in Lhasa veranstalteten Feste zogen sich über mehrere Tage hin. In den Gärten ihrer Anwesen wurden prunkvoll geschmückte Zelte aufgestellt, Spiele und Konzerte wurden veranstaltet, man tanzte und sang. Wie jedes Jahr freute sich der Dalai Lama auf den Beginn der Opernsaison in Norbulingka. Er sah von einem Zelt aus zu, durch dessen feine Vorhänge er zwar das Geschehen auf der Bühne verfolgen konnte, selbst aber unsichtbar blieb.

Auf das abrupte Ende dieser unbeschwerten Zeit war die Nation nicht vorbereitet. Der junge Dalai Lama hatte bereits ein Steuersystem und eine Landreform eingeführt – Neuerungen, deren Notwendigkeit auch von Mahatma Gandhi bestätigt worden waren. Dieser ermahnte eine tibetische Delegation, die nach Delhi gekommen war, um Indien zur neu gewonnenen Unabhängigkeit zu gratulieren, die Isolation des Landes aufzugeben und das Buddha Dharma in alle Welt zu tragen. Bereits ein Jahr später, 1948, bereiste eine tibetische Handelsdelegation mit neu geschaffenen tibetischen Pässen Indien, Amerika und Großbritannien, um internationale Beziehungen aufzunehmen. Doch für Tibet, ein Land, in dem es zu diesem Zeitpunkt weder Zeitungen noch Telefon, noch moderne Verkehrsmittel oder Straßen gab, kamen diese zaghaften Bemühungen zu spät.

Anfang Oktober 1950 überquerten 40 000 Soldaten der Volksbefreiungsarmee (VBA) die chinesische Grenze zu Tibet an sechs Orten. Das Telegramm mit dieser Nachricht erreichte Lhasa erst nach zehn Tagen. Die Regierungsbüros waren wegen einer Feierlichkeit geschlossen, weshalb auch die ausländischen Medien nichts von der Invasion erfuhren. Als Kham-Chamdo, der Sitz des Gouverneurs von Osttibet, am 17. Oktober von der VBA eingenommen wurde, waren nur 2500 Soldaten von Tibets 13 000 Mann starke Armee in dieser strategisch wichtigen Grenzregion im Einsatz. Es blieb nur noch die Kapitulation.

Über seinen Botschafter in Lhasa bot Indien eine Waffenlieferung an. Doch der schon etwas betagte Regent, Nachfolger

von Reting Rinpoche, war mit der Situation zu überfordert, um auf dieses Angebot eingehen zu können. Einen Monat später wurde der Dalai Lama, der zu diesem Zeitpunkt erst 15 Jahre alt war, als alleiniges Staasoberhaupt eingesetzt.

Der Ernst der Lage wurde deutlich, als Großbritannien, Indien und Nepal Hilfegesuche ablehnten. Taktser Rinpoche eilte aus der an China grenzenden Region Amdo nach Lhasa, um seinen Bruder zu warnen: Die siegreichen Kommunisten wollten das gesamte Hochland von Tibet annektieren. Daraufhin drängte die Nationalversammlung den Dalai Lama, sich aus Sicherheitsgründen in das Grenzgebiet zu Indien zurückzuziehen.

Dort, in der Stadt Yatung, erhielt man weitere beunruhigende Nachrichten. Eine tibetische, von Lhasa ausgeschickte Gesandtschaft war in »Beijing« (so der kommunistische Name der chinesischen Hauptstadt) gezwungen worden, ein Dokument zu unterzeichnen, das Tibet praktisch der Volksrepublik China übereignete. Klausel II des 17 Punkte umfassenden Abkommens verpflichtete die tibetische Regierung, »den Vormarsch der VBA nach Tibet aktiv zu unterstützen und die nationale Verteidigung zu konsolidieren«, während Klausel XIV Tibets Souveränität in außenpolitischen Belangen annullierte. Das Dokument enthielt die Garantie, dass das bestehende politische System nicht verändert werden würde, ebenso wenig wie Status, Aufgaben und Machtbefugnisse des Dalai Lama. Die Klöster sollten geschützt und der Lebensstandard verbessert werden, Reformen dürften nicht unter Zwang durchgesetzt werden. Da die Gesandten nicht berechtigt waren, dieser Vereinbarung ohne die Genehmigung der Regierung in Lhasa zuzustimmen, waren in Peking tibetische Regierungssiegel gefälscht worden.

Eine Abschrift dieses »Abkommens« wurde von General Zhang Jingwu nach Yatung gebracht. Der General war von Mao Tse-tung dazu bestimmt worden, die Einhaltung der Vereinbarung zu beaufsichtigen. Er überbrachte dem Dalai Lama die Empfehlung, nach Potala zurückzukehren. Dem jungen Herrscher fiel auf, wie »schäbig und unbedeutend« der General in seiner verschlissenen Uniform inmitten der in Seidenbrokat gekleideten hohen tibetischen Beamten wirkte.

Es dauerte nicht lange, und »schäbige« Uniformen prägten das Stadtbild von Lhasa. Innerhalb weniger Monate verdoppelte sich die Einwohnerzahl der Stadt durch die Ankunft von 16 000 chinesischen Soldaten und Offizieren. Diese nahmen Häuser in Beschlag, legten auf den Picknickwiesen am Fluss ein riesiges Militärlager an und verlangten Unmengen an Lebensmitteln und Futter für ihre Pferde. Anstelle einer »Verbessung des Lebensstandards«, wie in der Vereinbarung zugesichert, kam es fast zum Kollaps der weitgehend auf Subsistenzwirtschaft gründenden Ökonomie des Landes.

1952 eskalierte der Konflikt. Tibets patriotischer Premierminister erklärte, seine Regierung könne die chinesischen Soldaten nicht länger ernähren. Er verlangte den Rückzug der unverhältnismäßigen Besatzung hinter die chinesische Grenze. Zur endgültigen Konfrontation kam es, als er sich dem chinesischen Befehl widersetzte, die tibetische Armee in der Volksbefreiungsarmee aufgehen zu lassen. Daraufhin sah sich der Dalai Lama gezwungen, den Rücktritt jenes Teils des Kabinetts zu veranlassen, der aus Laien und Mönchen bestand, und von nun an persönlich mit den Chinesen zu verhandeln. Dank seiner geschickten Rhetorik und Diplomatie verbesserte sich das Gesprächsklima, der Ton zwischen seinen Ministern und Mao Tse-tungs Generälen wurde versöhnlicher. Gyalo Thondup, der ältere Bruder des Dalai Lama, schreibt die »bemerkenswerte Selbstdisziplin« des damals 17-Jährigen und dessen »Fähigkeit, seine Gefühle zu kontrollieren« rückblickend dessen religiösen Studien zu.

General Zhang war alles andere als »unbedeutend« – er und seine linientreue Ehefrau brachten den Maoismus nach Lhasa. Ende 1952 waren sowohl die Patriotic Women's Association (PWA) als auch die Patriotic Youth Association fest in Lhasa etabliert. Zhangs Ehefrau setzte durch, dass die Mitglieder beim Bau von Versammlungshallen mit anpacken mussten, selbst junge Adelige wurden unter Drohungen gezwungen, sich als Bauarbeiter zur Verfügung zu stellen. Anstatt Picknicks zu veranstalten, musste Lhasas Oberschicht an Feierlichkeiten zum Internationalen Kommunistischen Frauentag und zum Internationalen Tag der Jugend teilnehmen oder sich endlose Vorträge über

1954 in Beijing bei der ersten Versammlung zum Nationalen Volkskongress der Volksrepublik China. Der Vorsitzende Mao Tse-tung erhebt sich, um den 19-jährigen Dalai Lama mit Handschlag zu begrüßen.

1956 in Lhasa bei der feierlichen Gründung des Preparatory Commitee for the Autonomous Region of Tibet (PCART), das insgeheim dazu beitragen sollte, die östlichen Provinzen Kham und Amdo unter die Kontrolle Pekings zu bringen. Der Vize-Premierminister der Volksrepublik China, Marschall Chen Yi, nimmt gemeinsam mit dem Dalai Lama und dem 10. Panchen Lama eine Parade tibetischer Soldaten ab.

Von Sommer 1958 bis Februar 1959 musste sich der Dalai Lama strengen Prüfungen unterziehen. Für seine herausragenden Leistungen wurde er mit dem höchsten Promotionsgrad ausgezeichnet, dem Geshe Lharampa.

den Marxismus anhören. Inzwischen hatte sich die tibetische Zivilbevölkerung organisiert und veranstaltete Demonstrationen gegen die chinesische Besatzung. Nachts wurden Plakate aufgehängt mit Aufschriften wie »Tibet den Tibetern« und »China raus aus Tibet«.

1954 wurde der Dalai Lama eingeladen, an der Spitze einer Delegation zur ersten Versammlung des Nationalen Volkskongresses nach Peking zu kommen. Der von ungefähr 500 Beamten und ihren Dienern begleitete Dalai Lama wurde in mit Yakhäuten bespannten Booten über den Fluss übergesetzt. Weiter ging es in Kraftfahrzeugen auf gefährlichen chinesischen Straßen, bis dann der nächste Abschnitt zu Pferd zurückgelegt werden musste. Ein Stück der weiten Reise wurde mit dem Flugzeug bewältigt, und obwohl der Dalai Lama von Kindheit an von Maschinen fasziniert war, musste er feststellen, dass die Sorgen um die Zukunft seines Landes die Freude über seinen ersten Flug überlagerten.

Der autoritär auftretende Mao Tse-tung präsentierte seine Pläne für die Schaffung des Preparatory Commitee for the Autonomous Region of Tibet (PCART). Mittlerweile war er von der Idee abgekommen, Tibet von China aus regieren zu lassen. Da 46 der insgesamt 51 Mitglieder des PCART Tibeter sein sollten, erschien dem Dalai Lama dieses Angebot wie ein Erfolg der eigenen diplomatischen Bemühungen. Auf der Heimreise nach Lhasa war er optimistischer als zuvor. Doch der Eindruck, den er und seine Gefolgschaft während des dreimonatigen Aufenthalts in China gewonnen hatten, war zwiespältig. Sie hatten Kooperativen, Arbeitervereine, Industriezentren, Schulen und Universitäten besucht, der unter dem Sozialismus erzielte Fortschritt war auf manchen Gebieten beachtlich. Doch die Menschen schienen nicht glücklich zu sein und durften ihre Gefühle nicht äußern. Da man vorrangig damit beschäftigt sei, einander zu kritisieren, so Taring Rinchen Dolma, »können die Menschen einander nicht vertrauen: Das ist Kommunismus.«

Die lange Rückreise nach Lhasa quer durch Osttibet war ernüchternd: Der Dalai Lama und seine Gefolgschaft nahmen entsetzt die Auswirkungen der mittlerweile sechsjährigen chinesischen Besatzung zur Kenntnis. Keine Seltenheit waren willkürliche Festnahmen, öffentliche »Kampf- und Kritiksitzungen«, bei denen Beschuldigte angefeindet und mitunter sogar gefoltert wurden, bis sie ihre »Schuld« zugaben und Selbstkritik übten, sowie Hinrichtungen von »Volksfeinden«. Die Invasoren hatten wertvolle, mit Gold, Silber und Edelsteinen verzierte Statuen und andere sakrale Objekte aus Klöstern geraubt. Einige Klöster, darunter auch sehr alte, die Widerstand geleistet hatten, wurden zerbombt. Trotz allem gelang es dem Dalai Lama, in allen größeren Städten Reden zu halten und seinen Geburtsort und seine Verwandten zu besuchen.

In der ersten Hälfte des Jahres 1956 erschien dem Dalai Lama seine Lage derart aussichtslos, dass er erwägte, auf seine weltliche Macht zu verzichten. Es war ein Dilemma: Als religiöses Oberhaupt musste er Gewalt ablehnen, doch wenn er das Vertrauen als politischer Führer verlöre, würden die Chinesen die Bande zu seinem Volk garantiert zerstören.

Als er sich mit der Idee auseinandersetzte, Tibet zu verlassen, um aus dem Exil heraus eine Freiheitsbewegung zu leiten, erhielt er im August 1956 eine Einladung nach Indien. In seiner Eigenschaft als Präsident der »Mahabodhi Society of India« bat der Kronprinz von Sikkim den 14. Dalai Lama, an den Feierlichkeiten anlässlich des 2 500. Geburtstags des Buddha Shakyamuni teilzunehmen.

Das tibetische Volk war von dieser Einladung entzückt, und der Dalai Lama war erleichtert, bot ihm die Einladung doch Gelegenheit, in seinen »fruchtlosen Diskussionen mit den Chinesen« eine Pause einzulegen und stattdessen »demokratische Politiker und Anhänger von Mahatma Gandhi zu treffen und sich bei ihnen Rat zu holen«. Allerdings hielten die chinesischen Generäle die Reiseerlaubnis für den Dalai Lama zurück, bis die indische Regierung ein Telegramm mit einer Einladung schickte, die auch den Panchen Lama mit einschloss.

General Zhang hielt dem Dalai Lama einen oberlehrerhaften Vortrag darüber, was er in Indien sagen durfte und was

Mitte März 1959: Der Flüchtlingstrupp machte zwei Tage lang in der Festung Lhuntze Dzong in Lhoka, Zentraltibet, Rast, um das 1951 in Peking geschlossene 17-Punkte-Abkommen offiziell zu widerrufen und eine Exilregierung zu gründen. Kabinettsmitglied Surkhang hält das Pferd des Dalai Lama, links daneben steht Haushofmeister Phala. Nach dem Aufenthalt in der Festung ging es weiter nach Indien, wo um politisches Asyl ersucht wurde.

1956 im Governement House, dem heutigen Rashtrapati Bhavan: Nach dem Mittagessen, zu dem Dr. Rajendra Prasad, Indiens erster Präsident nach der Unabhängigkeit, geladen hatte, erhielten der Dalai Lama (hier mit Ministerpräsident Jawaharlal Nehru auf einem Elefanten) und der Panchen Lama jeweils eine orangefarbene Diplomatenlimousine von der indischen Regierung als Geschenk.

nicht und händigte ihm ein vorgefertigtes Skript für seine offizielle Rede aus. Auf dem Flughafen von Palam wurde er von Premierminister Jawaharlal Nehru und Vizepräsident Radhakrishnan willkommen geheißen und anschließend vom Staatspräsidenten Dr. Rajendra Prasad in dessen Amtssitz Rashtrapati Bhavan empfangen.

Am Morgen seines ersten Tages in Neu-Delhi stand der Dalai Lama vor Gandhis Denkmal am Rajghat und sinnierte darüber, welchen Rat ihm Gandhi wohl gegeben hätte. »Ich war mir sicher, dass er sich mit allen ihm zur Verfügung stehenden Mitteln für einen friedlichen Kampf für die Freiheit des tibetischen Volkes eingesetzt hätte.« In diesem Moment der Reflexion spürte der Dalai Lama »stärker als sonst«, dass er »Gewalt niemals gutheißen könnte.« Der anschließende Besuch an der Stätte von Buddhas Erleuchtung in Bodhgaya war für den Dalai Lama die Erfüllung seines sehnlichsten Traumes: »Als ich dort stand, erfüllte mich religiöse Inbrunst, und gleichzeitig Erstaunen über die Kraft der göttlichen Macht, die in uns allen ist.«

Ein Vieraugengespräch mit Nehru, bei dem außer den beiden Staatsmännern nur ein Dolmetscher anwesend war, schenkte dem 21-jährigen Dalai Lama neue Zuversicht. Er vertraute Nehru an, dass er daran dachte, in Indien zu bleiben, bis es positive Anzeichen für Veränderungen in Maos Politik gab. Er argumentierte, dass er von Indien aus moralische Unterstützung mobilisieren und die Welt darüber aufklären konnte, was in Tibet geschah. Nehru riet dem Dalai Lama jedoch, nach Lhasa zurückzukehren und zu versuchen, das 17-Punkte-Abkommen mit China umzusetzen. Er versprach aber auch, ein Gespräch mit dem chinesischen Premierminister Zhou Enlai zu arrangieren, der am folgenden Tag eintreffen sollte. Bei einer längeren Unterredung mit Zhou Enlai beschrieb der Dalai Lama, was die Menschen in Osttibet zu erdulden hatten.

Der chinesische Premierminister schien Verständnis für das Anliegen des Dalai Lama zu haben und wollte Mao Tse-tung davon berichten. Er kam zu dem Schluss, dass »die zuständigen chinesischen Beamten Fehler gemacht haben mussten«. Bei dem Abendessen, zu dem Zhou Enlai in die chinesische Botschaft eingeladen hatte, äußerten sich die beiden Brüder des Dalai Lama, Taktser Rinpoche und Gyalo Thondup, sehr kritisch zu Pekings Umgang mit Tibet.

Obgleich ihnen Chinas zweiter Mann diese Direktheit sichtlich übel nahm, sagte er den »schrittweisen Abzug« der chinesischen Truppen zu, sobald Tibet in der Lage sei, »seine Angelegenheiten eigenständig zu regeln«. Er versprach, dem Großen Vorsitzenden die Kritik zu übermitteln. Im Gegenzug sollten die beiden ihren Bruder zur sofortigen Rückkehr nach Tibet überreden.

Nehru übermittelte dem Dalai Lama bei einem Abschiedstreffen Zhou Enlais Nachricht, dass Tibet absolute Autonomie zugestanden werden sollte. Es sei »absurd, sich vorzustellen, dass China Tibet den Kommunismus aufzwingen wolle«. An diesem Punkt fragte sich der Dalai Lama ernsthaft, ob Zhou Enlai und er sich auf dieselbe Realität bezogen.

Sein Aufenthalt in Indien musste vorzeitig abgebrochen werden, weil General Zhang ihn zurück nach Lhasa beorderte. Er behauptete, »Spione und Kollaborateure« planten »einen Aufstand«. »Also«, schrieb der Dalai Lama später, »musste ich mich zwingen, in die Welt der Politik, der Feindseligkeiten und des Misstrauens zurückzukehren.« In einem Akt des gewaltlosen Widerstands zerriss er das chinesische Skript für seine Rede zum Geburtstag Buddhas und hielt diese aus dem Stegreif. Entgegen Zhou Enlais Rat blieb er einen Monat in Kalimpong, bis der Schnee auf dem Nathu-la-Pass geschmolzen war, und hielt in dieser Zeit Vorträge vor der tibetischen Expat-Gemeinde. Im April 1957 erreichte er Lhasa.

Aus den Provinzen Kham und Amdo strömten über 10 000 Flüchtlinge in die Hauptstadt und verbreiteten Informationen über das brutale Vorgehen der Chinesen in ihrer Heimat. Es entstand eine Guerilla-Bewegung, der Dalai Lama konnte seine Untertanen nicht länger beschwichtigen. Als die Chinesen eine Volkszählung in den Lagern rings um Lhasa ankündigten, fürchteten die Flüchtlinge Repressalien. Sie zogen sich in die Berge zurück, um sich dort bewaffneten Rebellen anzuschließen.

1956 in Rajgir: Bei den Feierlichkeiten zum Buddha Jayanti anlässlich des 2500. Geburtstags Buddhas überreichte Premierminister Zhou Enlai Ministerpräsident Nehru eine Reliquie des chinesischen Gelehrten und Pilgermönchs Xuanzang (7. Jahrhundert). Dieses Geschenk an Indien sollte den Boden für Verhandlungen bereiten: Zhou Enlai wollte, dass der Dalai Lama nach Tibet zurückkehrte.

Zum Abschluss seiner religiösen Ausbildung wurde der Dalai Lama in Lhasas Universitäten einen Monat lang von Gelehrten geprüft. Am 1. März 1959, als er während der tibetischen Neujahrsfeierlichkeiten im Jokhang-Tempel seine letzte Prüfung ablegte, erhielt er von Politkommissar General Tan Guansan eine Einladung für eine Theatervorstellung im Militärlager der Volksbefreiungsarmee. Der Dalai Lama hatte keine Wahl, er sagte seinen Besuch für den 10. März zu. Am 8. März, dem Internationalen Kommunistischen Frauentag, wurde eine Veranstaltung im Sitz der »Patriotic Women's Association« von über 1000 Tibeterinnen gestört, die antichinesische Slogans riefen, während General Tan auf der Bühne gegen die Khampa-Guerillas wetterte und drohte, alle Klöster auszubomben, die Widerstand leisteten.

Am Morgen des 10. März strömten aufgebrachte Einwohner von Lhasa zum Palast, um den Dalai Lama daran zu hindern, sich am Abend in das Militärlager zu begeben. Weil sich herumgesprochen hatte, dass in Osttibet Lamas und andere hohe Würdenträger nach Besuchen in chinesischen Militärlagern nicht mehr wiedergesehen worden waren, befürchteten die Leute, dass der Dalai Lama gekidnappt werden sollte. Die Chinesen hatten die bewaffnete Eskorte des Dalai Lama verboten und auch entlang den Straßen durften keine bewaffneten tibetischen Soldaten Aufstellung nehmen.

Ungefähr 30000 Menschen kesselten den Palast derart ein, dass der Dalai Lama ihn nicht mehr verlassen konnte. Seine besorgten, nur mit Stöcken, Steinen und scharfen Messern bewaffneten Untertanen belagerten den Palast eine Woche lang. Zwischen Palast und Militärlager gingen Briefe hin und her, bis der chinesische General den Dalai Lama am 16. März aufforderte, anzugeben, wo genau er sich in der Palastanlage aufhalte. Man würde sich bemühen, »eine Beschädigung dieses Teils« zu vermeiden. Dieses Schreiben machte deutlich, dass es zum Äußersten kommen würde.

Am folgenden Nachmittag wurde der Norbulingka-Palast von zwei schweren Mörsergranaten getroffen. Die erste landete im Sumpf vor den Palastmauern, die zweite in einem Teich auf dem Gelände. Am 17. März um 22 Uhr öffnete sich eine Tür des Palasts und ein mit einem Gewehr bewaffneter Soldat trat heraus. Er schloss sich einer Patrouille der Leibwache an und marschierte mit dieser aus der Palastanlage hinaus. Der Soldat war der Dalai Lama. Eine Stunde zuvor hatten seine Mutter, seine ältere Schwester Tsering Dolma, sein jüngster Bruder Tendzin Choegyal, ein Onkel und ein Dienstmädchen den Palast verlassen – allesamt als Polizisten verkleidet. Die »Patrouille« des Dalai Lama bestand aus dem Haushofmeister, dem obersten Abt, ihm selbst, seinem Schwager, der Kommandant der Leibwache war, sowie zwei einfachen Soldaten, die den Schluss bildeten.

Als der Dalai Lama das Südufer des Flusses erreichte, wartete dort eine Gruppe von Freiheitskämpfern mit Pferden für die Palastflüchtlinge. Es begann eine zweiwöchige Reise ins indische Exil. Erst nachdem sie die Grenze erreicht hatten, erfuhren sie, was in Lhasa nach ihrer Flucht geschehen war: In einer dreitägigen Schlacht gegen die Besatzungsmacht hatten Schätzungen zufolge 12000 Tibeter ihr Leben gelassen. Die heiligen Stätten waren nur mehr Ruinen.

Der ursprüngliche Plan hatte vorgesehen, in einem befestigten Kloster nahe der Grenze zu Bhutan eine Interimsregierung einzurichten. Doch nachdem bekannt wurde, dass der Norbulingka-Palast schon am ersten Tag der Schlacht vollkommen zerstört worden war und dass die chinesischen Soldaten am Abend nach Untersuchung sämtlicher Toter festgestellt hatten, dass der Dalai Lama entkommen war, wurde diesem klar, dass er in Tibet nicht vor seinen Verfolgern sicher war. Deshalb ersuchte er in Indien um politisches Asyl. Premierminister Nehru antwortete umgehend: »Aber natürlich.«

Von Fieber, Durchfall und den Anstrengungen der Reise geschwächt, überquerte der Dalai Lama am 31. März 1959 die Grenze zu Indien – nahe jenem Ort, an dem knapp 300 Jahre zuvor der 6. Dalai Lama zur Welt gekommen war. Genau wie der Große 13. Dalai Lama 1932 vorhergesagt hatte, war der 14. Dalai Lama »von den barbarischen roten Kommunisten« gezwungen worden, »hilflos wie ein Bettler umherzustreifen«.

Endlich in Freiheit: Der Dalai Lama begegnet im nördlichen indischen Grenzstaat Arunachel Pradesh Angehörigen des Volkes der Monba.

21. März 1959, auf dem 15-tägigen Ritt ins indische Exil: Vor dem Dalai Lama (im dunklen Gewand) reitet General Ratuk Ngawang von den Khampa-Guerillas (mit umgehängtem Gewehr). Er eskortierte das junge tibetische Staatsoberhaupt bis zur indischen Grenze.

Zahllose Tibeter folgten dem Beispiel Seiner Heiligkeit und flohen aus ihrer Heimat über die Pässe des Himalaja nach Indien, mit kaum etwas als den Kleidern, die sie am Leib trugen. Die politische Führung in Peking war außer sich. Premierminister Jawaharlal Nehru sah sich von indischer Seite aus heftiger Kritik ausgesetzt. Am 27. April 1959 sagte er in einer Rede vor dem Parlament, Zhou Enlai habe ihm versichert, dass China »Tibet nicht als chinesische Provinz betrachtet. Die Leute dort seien anders als die eigentlichen Chinesen. Er versicherte mir, dass es absurd wäre, zu glauben, dass China beabsichtige, Tibet den Kommunismus aufzuzwingen. Der Kommunismus kann nicht auf diese Weise einem stark unterentwickelten Land aufgezwungen werden ... selbst dann nicht, wenn dieses sich über fortschrittliche Reformen freuen würde.«

Als die Proteste gegen seine humanitäre Entscheidung zunahmen, sagte Nehru am 15. Mai in einer Pressekonferenz: »Selbst wenn wir beleidigt werden, wahren wir die Selbstbeherrschung. Das ist unsere Grundhaltung. Wir lassen uns von Drohungen nicht beeinflussen.« Er räumte ein, dass die rund 12 000 tibetischen Flüchtlinge »eine Belastung für das Land sein werden. Trotzdem werfen wir sie nicht wieder hinaus. Es ist in Indien Tradition, Flüchtlinge willkommen zu heißen. Wenn wir also diese tibetischen Flüchtlinge aufnehmen und versorgen, handeln wir im Sinne der besten Traditionen unseres Landes.«

Er gehe davon aus, dass der Aufenthalt des Dalai Lama in Indien von längerer Dauer sei, fuhr Nehru fort. »Ich bin mir sicher, dass sich jeder im Klaren darüber ist, wie äußerst schwierig und sensibel die Tibetfrage ist, und deshalb dürfen wir nie vergessen, wo unsere Sympathien liegen; unser Handlungsspielraum ist selbstverständlich eingeschränkt.«

Als der Premierminister jedoch im Frühjahr 1964 zum letzten Mal in einem Brief Tibet erwähnt, ist der Ton sehr niedergeschlagen:

Mein lieber Dr. Gopal Singh,

in Beantwortung Ihres Schreibens vom 20. Mai: Mir ist nicht klar, was wir unter den derzeitigen Umständen für Tibet tun können. Eine UN-Resolution zu Tibet wird wirkungslos bleiben, da China dort nicht vertreten ist. Wir stehen den Geschehnissen in Tibet keineswegs gleichgültig gegenüber, doch sehen wir uns nicht in der Lage, effektiv etwas dagegen zu unternehmen.

Mit freundlichen Grüßen

Jawaharlal Nehru
24. Mai 1964
Dehraun

Das letzte Treffen des Dalai Lama mit Indiens
Premierminister Jawaharlal Nehru in Teen Murti.

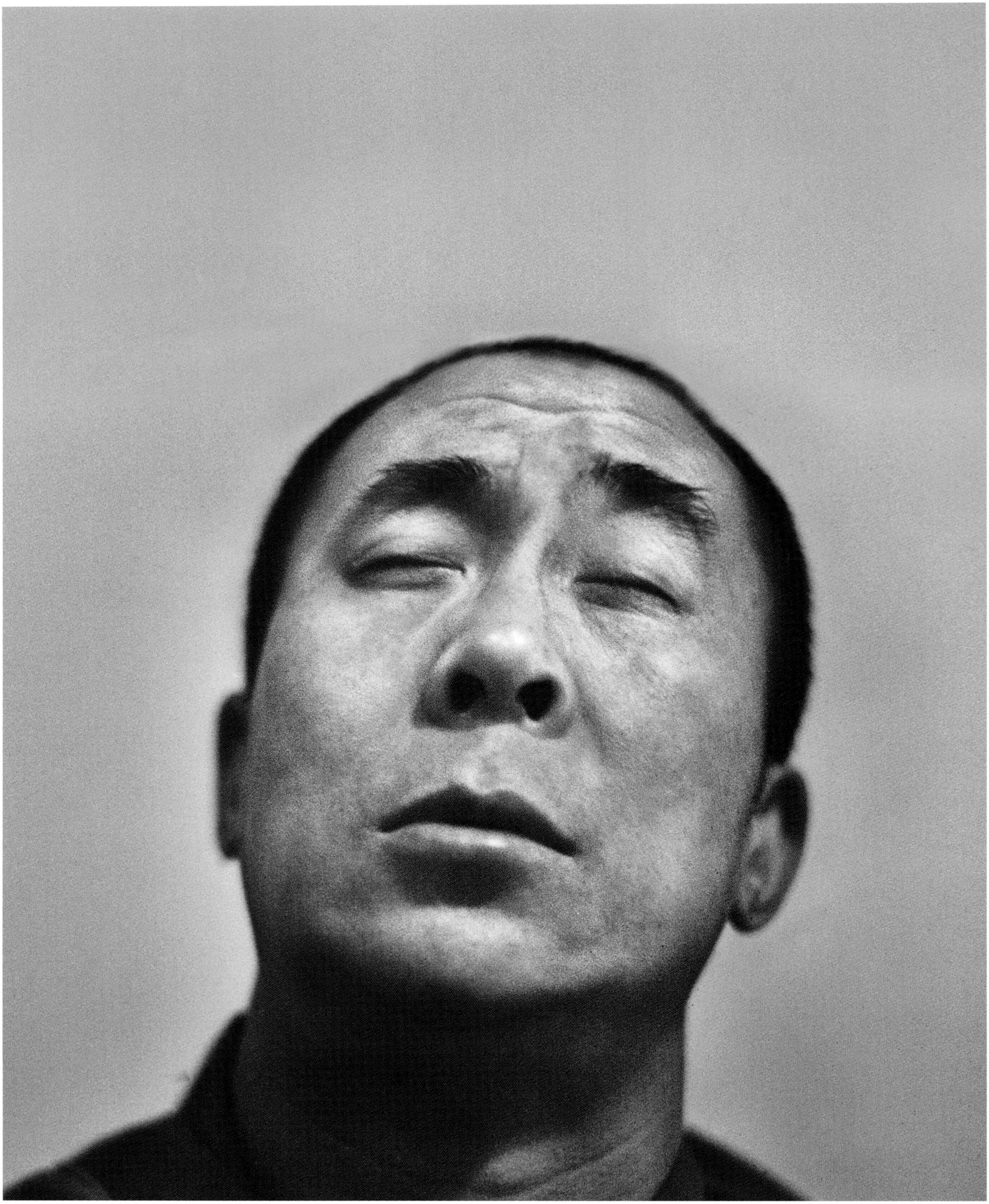

EIN GOTT IM RAMPENLICHT

Raghu Rai

DIE ERSTE BEGEGNUNG

Es muss 1975 gewesen sein, ich arbeitete damals für den *Statesman.* Auf der politischen Weltbühne war es eher ruhig, und wir brauchten gute Storys. Der Dalai Lama war zu einem dreitägigen Seminar in Ladakh eingetroffen, also reiste ich zusammen mit der Reporterin Tavleen Singh dorthin. Normalerweise herrscht im Hochland ein trockenes Klima, doch als wir eintrafen goss es in Strömen. Tausende von buddhistischen Mönchen, Nonnen und Laien saßen, ungeachtet der Nässe und Kälte, regungslos im Freien. Ein Schamane blies immer wieder in sein Horn, um auf das Wetter einzuwirken, doch der Regen hörte einfach nicht auf.

Am Ufer des Flusses Sindhu wurde eine Kalachakra-Zeremonie abgehalten. Seine Heiligkeit saß auf einer überdachten Bühne, wir hatten unsere Regenmäntel als Schutz. Die Mönche waren triefnass, aber dennoch hochkonzentriert.

An diesem ersten Tag fotografierte ich die aus Tibet und Ladakh stammenden Lamas, am zweiten Tag fragte ich, ob ich Seine Heiligkeit in seinem Zelt ablichten dürfe, und er erlaubte es. Am dritten Tag bat Tavleen um ein Interview. Wir bekamen eine ganze Stunde mit ihm, und so entstanden die Porträts, die auf den folgenden Seiten zu sehen sind.

Auf der Rückfahrt nach Srinagar zeigte mir Tavleen eine rote Schnur, die ihr Seine Heiligkeit um das Handgelenk gebunden hatte: »Schau mal, was er mir geschenkt hat. Was hast du denn bekommen?«

»Ach weißt du, zwischen Gleichrangingen ist so etwas nicht notwendig«, erwiderte ich, ohne nachzudenken. Hinterher jedoch ging mir meine spontane und etwas angeberische Äußerung durch den Kopf. Ich dachte: »Aber er ist doch ein Staatsoberhaupt und ein religiöser Führer, wie kannst du behaupten, dass ihr gleichrangig seid?«

Erst viel später wurde mir klar, dass der Grund für meine Äußerung im Auftreten Seiner Heiligkeit lag: Er war bei unserer ersten Begegnung so offen und von einer derart ungekünstelten Herzlichkeit gewesen, dass es mir vorgekommen war, als hätte er mich als seinesgleichen angesehen.

Durchnässte Lamas in Leh, Ladakh, während einer Kalachakra-Zeremonie Seiner Heiligkeit 1975.

EIN GUTES FOTOMODELL

Später wurde mir die große Ehre zuteil, mich seinen Freund nennen zu dürfen, und ich sagte zu ihm: »Eure Heiligkeit, meine Zeitschrift möchte, dass ich Euch bei unterschiedlichen Tätigkeiten fotografiere.« Also posierte er nicht in vollem Ornat auf seinem Thron, sondern gewährte mir Einlass in seine private Welt. Ohne lange Erklärungen meinerseits tat er genau das, was sich meine Auftraggeber gewünscht hatten: Er las alte tibetische Texte, anschließend reparierte er einen kaputten Ölheizkörper oder ein widerspenstiges Fernsehgerät. Er schaute sich eine TV-Serie über das *Mahabharata* an, dann ging er hinaus in den Garten und in sein Treibhaus, in dem er die herrlichsten Blumen züchtete. So habe ich erfahren, dass Seine Heiligkeit der Dalai Lama ein Fernsehgerät reparieren kann und dass er seine Katzen, wenn sie krank sind, mit pflanzlichen Arzneimitteln behandelt.

Die Leichtigkeit, mit der er auf Wünsche anderer eingeht, so wie dies gute Freunde füreinander tun würden, ist eine wunderbare Eigenschaft, die er sich trotz seines Weltruhms bis heute bewahren konnte. Er ist ein Mensch, dem man absolut vertrauen kann.

Während Indira Gandhi sich in eine andere Person zu verwandeln schien, sobald Fotografen anwesend waren, bleibt Seine Heiligkeit stets er selbst: allwissend, ehrlich, sanft und einfühlsam.

Zum Beispiel durfte ich fotografieren, als er in seinem Gebetsraum von einem älteren reinkarnierten Lama, Seiner Eminenz Chogye Trichen Rinpoche, eine Initiation erhielt. Seine Heiligkeit hockte bescheiden auf einem niedrigen Kissen am Boden, während ihm der Rinpoche auf einem Thron gegenübersaß.

Meine zweite Begegnung mit dem Dalai Lama fand im Dezember 1985 in Bodhgaya statt. Über einem Sandmandala führte er für eine Kalachakra-Initiation ein langwieriges vorbereitendes Ritual durch. Obwohl dies ein sehr privater Moment war, konnte ich die tibetischen Sicherheitskräfte überreden, mich durch einen Spalt in den Zeltbahnen hindurch fotografieren zu lassen. Als ich mein Objektiv zwischen die Stoffbahnen schob, schaute Seine Heiligkeit plötzlich zu mir herüber, lächelte und streckte mir seine Hand entgegen. Ich konnte es kaum fassen: Unser kurzes Zusammentreffen war zehn Jahre her, und dennoch hatte er mich wiedererkannt. Ich trat ein, ergriff seine Hand und küsste sie.

Später bat ich ihn, sich von mir während einer Meditation fotografieren zu lassen. »Okay, ich werde es versuchen«, erwiderte er. Knapp eine Stunde lang versenkte er sich in seine Meditation. Seine Konzentrationsfähigkeit ist so stark, dass er sich auch in Gegenwart anderer voll und ganz in seine Meditation versenken kann.

Nachdem ein Erdbeben den Bungalow Seiner Heiligkeit
zerstört hatte, wurde Ende der 1980er-Jahre ein neues
Gebäude errichtet, in dem er uns herzlich willkommen hieß.

Diese Seite: In der ersten provisorischen Residenz in Dharamsala Anfang der 1960er-Jahre mit seiner Mutter, der Gyalum Chenmo (der Großen Mutter) Dekyi Tsering. Rechte Seite: In den späten 1970er-Jahren im Garten des »Bungalow-Palasts«.

Der Dalai Lama ist der erste Friedensnobelpreisträger,
der auch öffentlich für den Umweltschutz eintritt. Der Erhalt
der Natur ist und bleibt für ihn ein wichtiges Anliegen.

Oben: Seine Heiligkeit ist spontan und praktisch begabt, er beschäftigt sich viel mit alltäglichen Dingen, wie etwa mit Reparaturen.
Unten: Hier schaut er sich eine Verfilmung des *Mahabharata* im Fernsehen an.

55

57

Den Vormittag verbringt der Dalai Lama meist
mit dem Studium tibetischer Schriften.

Der Gelehrte als Studierender: Der Dalai Lama erhält Initiationen
durch ehrwürdige Lamas aller fünf Schulen des tibetischen
Buddhismus, darunter auch der animistischen Bön-Tradition.

Das Leben Seiner Heiligkeit veränderte sich, als ihm 1989 der Friedensnobelpreis verliehen wurde: Die Auszeichnung katapultierte ihn ins Rampenlicht der Weltöffentlichkeit. Dieses Foto zeigt den Dalai Lama bei einer Feierlichkeit vor den Toren seiner Residenz.

Der private Gebetsraum Seiner Heiligkeit in seiner Residenz. Um sie in Sicherheit zu bringen, wurde die in der Mitte aufgestellte, kostbare Kyirong-Jowo-Statue in den 1960er-Jahren heimlich aus Tibet heraus- und zum Dalai Lama gebracht.

HEILKRÄFTE

Ich fotografiere den Dalai Lama seit über 40 Jahren und fühle mich Seiner Heiligkeit sehr verbunden. Jedes Mal wenn wir uns begegneten, streckte er mir die Hand entgegen. Ich küsste sie, woraufhin er mich an sich zog, mich umarmte und seinen Kopf auf meine Schulter legte. Dabei spürte ich, wie mich seine wunderbare spirituelle Energie durchströmte.

Einmal war ich vier oder fünf Tage bei ihm, um die Fotos für eine Titelgeschichte des *Time Magazine* zu machen. Kurz vor meiner Abreise sagte er: »Warte … warte … du bist mein alter Freund, ich muss dir etwas geben.« Von seinem Altar nahm er einen gelblichen Stein mit einem Loch in der Mitte. Er sprach ein kurzes Gebet und blies über den Stein, bevor er ihn mir reichte. Ich fädelte eine Schnur durch das Loch und trug den Stein um den Hals. Damals litt ich an Atemnot, weshalb ich den tibetischen Chefleibarzt Seiner Heiligkeit aufsuchte. Er fühlte meinen Puls und meinte sofort, ich hätte Herzprobleme. Als ich ihm das Geschenk Seiner Heiligkeit zeigte, meinte er, der Stein habe mir möglicherweise das Leben gerettet.

2002 ließ ich mein Herz von einem befreundeten Kardiologen, Dr. Naresh Trehan, untersuchen. »Raghu«, sagte er, »deine Herzkranzgefäße sind zu 90 Prozent verengt.« Nur zwei Tage vor dieser Diagnose hatte ich vier Stunden lang die Gurpurab-Prozession in Amritsar fotografiert und war dabei ständig hektisch herumgelaufen. Bei der Untersuchung stellte sich heraus, dass mein Herz trotz der Einschränkung eine hundertprozentige Leistung erbrachte.

Nachdem ich mich von der Herzoperation erholt hatte, bestand meine Frau Meeta darauf, dass wir uns bei Seiner Heiligkeit bedankten. Gemeinsam mit unseren Töchtern fuhren wir nach Dharamsala hinauf, und ich sagte zu ihm: »Ihre magischen Kräfte haben mich gerettet, Eure Heiligkeit.«

»Ho, ho, ho, ho«, erwiderte er. »Du kannst sagen, was du willst, aber ich könnte nicht einmal meinen eigenen Bruder retten.«

Als wir aufstanden, um zu gehen, streckte er mir die Hand entgegen. Wie immer umarmte er mich, doch dieses Mal legte er seinen Kopf an meine Brust und hielt mich einige Augenblicke lang fest an sich gedrückt. Ich hielt den Atem an, es fühlte sich wunderbar an. Meeta, die daneben gestanden und zugesehen hatte, sagte: »Schau nur, was er dir wieder hat zuteil werden lassen.«

Der Hof zwischen Tempel und Residenz ist voll von tibetischen Gläubigen und Touristen. Hier spricht Seine Heiligkeit mit einer Tibeterin, die ihn um einen besonderen Segen bittet.

Nach 30 langen Jahren ließ Seine Heiligkeit die Frau suchen, um sie zu fragen, ob es ihr heute besser gehe. Der Dalai Lama ist gegenüber allen Hilfesuchenden sehr aufmerksam.

Ob bei physischen oder psychischen Problemen –
der Dalai Lama versucht stets zu helfen.

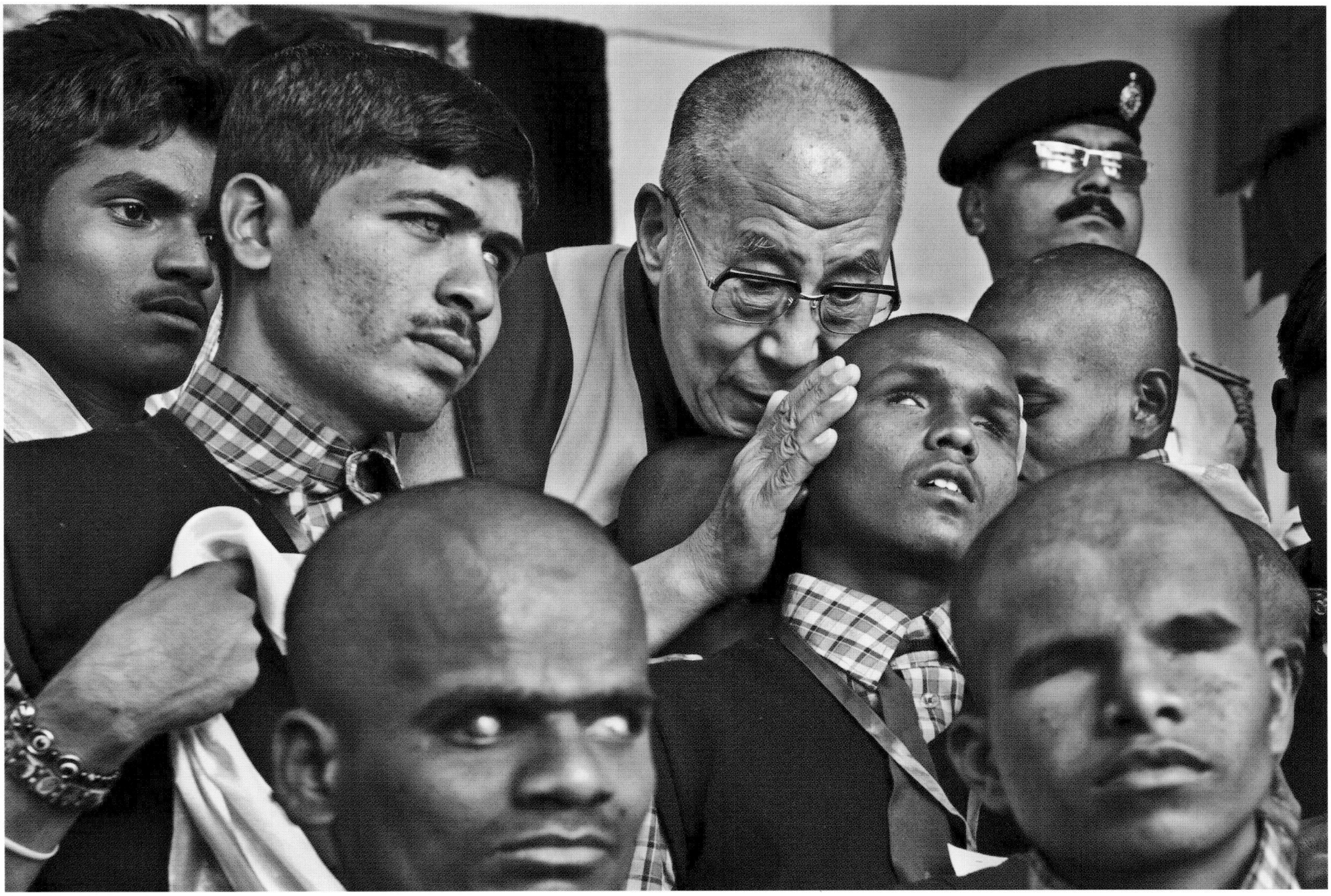

Handauflegung und Segnungen für Schüler der Blinden-
schule des Mundgod Tibetan Settlement, Karnataka.

Seine Heiligkeit beim Verlassen des Tsug Lhakang, dem Haupttempel von Dharamsala.

Der Dalai Lama scheut den Kontakt zu der im Hof versammelten Menge nicht.

In früheren Jahren des Exils standen Tibeter auf dem Grundstück der Residenz an, um am Morgen des tibetischen Neujahrstags den Segen des Dalai Lama zu erhalten.

WACHSENDES INTERESSE

Als Seine Heiligkeit das erste Mal nach Indien kam, interessierte sich die Weltöffentlichkeit noch kaum für Tibet. Erst später, als China immer dominanter und aggressiver auftrat, wuchs das Interesse. Die Menschen wollten die Wahrheit erfahren. Immer häufiger wurde ich von französischen Zeitschriften, dem *Time Magazine* und anderen Medien beauftragt, Seine Heiligkeit zu fotografieren. Damals, Ende der 1970er- und Anfang der 1980er-Jahre, waren die Englischkenntisse des Dalai Lama noch rudimentär, doch selbst in gebrochenem Englisch vermochte er es, die Herzen aller Menschen zu berühren, mit denen er sprach. Seine Worte waren voller Aufrichtigkeit. Auch sah man ihm immer an, wie sehr ihn die Sorge um Tibets ungewisse Zukunft quälte.

Manchmal, wenn ich ihn bei Interviews fotografierte, bekam ich mit, wie er seine Gesprächspartner von der Ungerechtigkeit des kommunistischen Regimes Chinas zu überzeugen versuchte. Seine Hilflosigkeit angesichts des Leids, das seinem Volk widerfuhr, war deutlich zu erkennen. Diese Interviews schmerzten mich. Wenn man jemandem begegnet, der so ehrlich, empfindsam und offensichtlich spirituell ist, wie der Dalai Lama, dann muss einem dieser Mensch ans Herz wachsen. Deshalb las ich die Autobiografie des Dalai Lama, *Mein Leben und mein Volk. Die Tragödie Tibets*, obwohl ich normalerweise kaum etwas außer Zeitungen und Zeitschriften lese. Das Buch ist so einfach und schnörkellos geschrieben, dass man das Gefühl bekommt, für das Schicksal der Tibeter mitverantwortlich zu sein. Ihre Realität, ihre Aufrichtigkeit und ihr Leiden werden sehr anschaulich gemacht.

Im Laufe der Jahre entstanden etliche Fotostorys über den Dalai Lama. Ich fotografierte Seine Heiligkeit, wie er mit der Gattin des französischen Präsidenten François Mitterrand Hand in Hand durch seinen Garten ging, und machte Aufnahmen von ihm mit dem Karmapa (siehe S. 136). Inspiration und Ansporn zugleich ist für mich Manuel Bauers beeindruckender Fotoband *Unterwegs für den Frieden*. Als ich Bauer in Ladakh traf, gratulierte ich ihm zu seinem Werk und sagte: »Viele Fotografen haben mit Seiner Heiligkeit gearbeitet, aber Ihre Fotos sind einfach besser.« Auch meine eigene Arbeit sollte ein höheres Niveau erreichen.

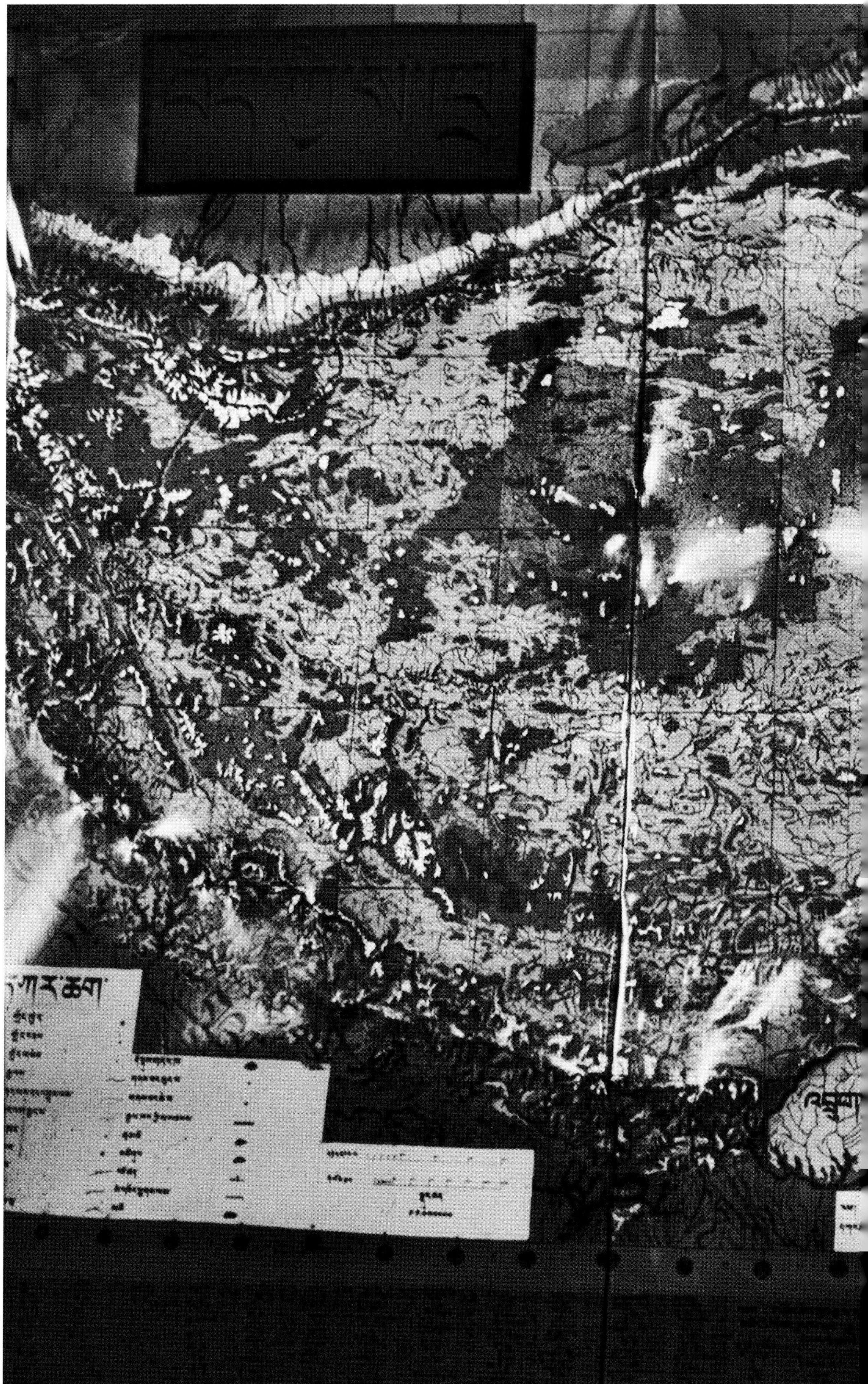

Eine Karte von Tibet vor der chinesischen Invasion. Die Chinesen annektierten weite Teile Osttibets und schlugen sie dem »Mutterland« zu.

MAKE TIBET A NUCLEAR FREE ZO
THE CHINESE DRAG
DIGEST THE TIBETA
HONESTY CAN PIE
THAN AK-47 BULL

Seine Heiligkeit träumt von einem Tibet, das nuklearfreie Zone und Oase des Friedens für die Menschheit sein soll.

हमें शरण
देने के लिए
धन्यवाद
भारत

Vor den Olympischen Spielen 2008 in Peking veranstalteten Exiltibeter einen Protestmarsch von Dharamsala nach Neu-Delhi und weiter in Richtung Tibet. Sie versuchten, die Grenze zu ihrer Heimat zu überqueren.

Support
PEACE

Diese Seite: Straßenbilder aus Tibet mit Szenen der Unterdrückung wurden entlang den Straßen von Dharamasala aufgehängt.
Linke Seite: Nach dem Marsch in Indien kam es in ganz Tibet zu einem unbewaffneten Aufstand, der blutig niedergeschlagen wurde.

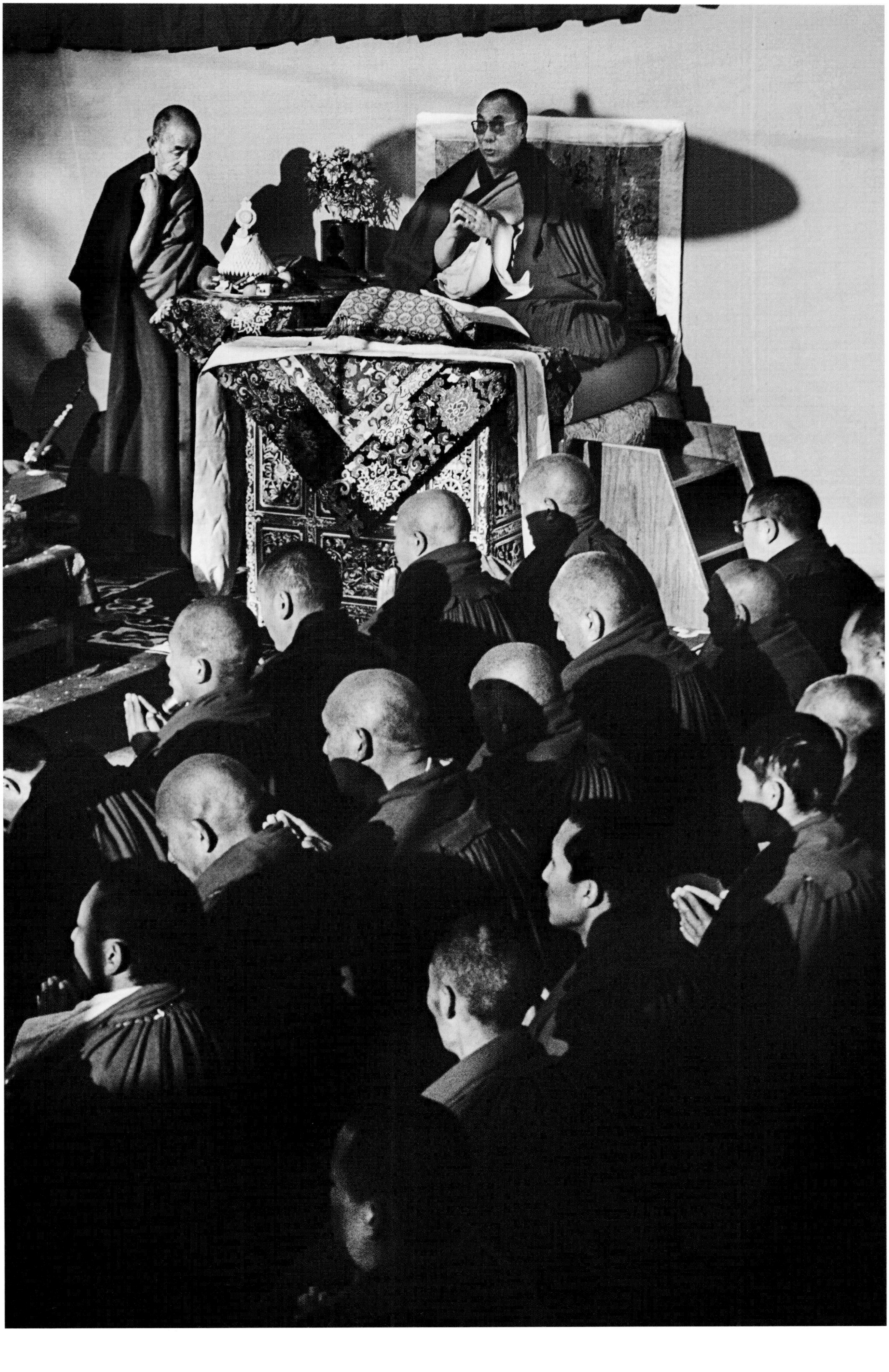

Seine Heiligkeit der Dalai Lama begrüßt vor Sonnenaufgang auf dem Dach des Tempels das anbrechende neue tibetische Mondjahr. Äbte und hohe Beamte der Exilregierung beten mit ihm zusammen für die bessere Zukunft ihrer Heimat.

Diese Seite: Eine Kalachakra-Initiation in Ladakh 1975.
Rechte Seite: Das vervollständigte Mandala bei einem
Kalachakra in Bodhgaya 1986.

Im alten Kloster von Ladakh dominiert das Foto
seiner Heiligkeit den Gebetsraum.

Der Buddha Shakyamuni vor der Erleuchtung
in der früheren Residenz.

VERSPIELTE SEGNUNGEN

Mit nur vier Jahren wurde Tenzin Gyatso als 14. Dalai Lama Tibets anerkannt und dadurch seiner Kindheit beraubt. Doch wenn er heute mit Menschen zusammen ist, denen er sich nahe fühlt, kommt mitunter der freche kleine Junge in ihm zum Vorschein.

Nach 50 Jahren im Exil lud der Dalai Lama als Geste des Dankes für die indische Gastfreundschaft zehn seiner »engen Freunde« ein, einen Tag mit ihm zu verbringen. Zu der Gruppe gehörten u. a. Kapila Vatsyayan, Dr. Naresh Trehan, Amjad Ali Khan, George Verghese und ich. Auf unserem gemeinsamen Ausflug besuchten wir einen Hindutempel, einen Gurdwara (Gebetsstätte der Sikhs), einen Jaina-Tempel und eine Synagoge. In der Synagoge verbeugte sich Seine Heiligkeit vor einem Rabbi, der ihm eine Kippa aufsetzte und ihn segnete. Anschließend gelangten wir zur protestantischen Kathedrale, der Church of Redemption, wo man Seiner Heiligkeit ein Kruzifix schenkte. Er zeigte sich belustigt, dass er nun Jesus in seinen Händen hielt.

Als ich den Dalai Lama letzthin fotografierte, schaute er auf mein Hemd und sagte: »Oh! Zu viele Knöpfe!« Ich entgegnete: »Eure Heiligkeit, das ist ein Designerhemd«. Scherzhaft insistierte er: »Was für eine Verschwendung von Knöpfen.«

Vor ein paar Jahren fand in Dharamsala ein Asian Teaching statt. Es war sehr kalt, und ich trug eine schöne neue Mütze. Ich fotografierte im Auftrag der *New York Times*. Der Dalai Lama saß auf seinem Thron und damit gut anderthalb Meter höher als die anderen hochrangigen Mönche und Rinpoches um ihn herum. Der Saal war voll besetzt mit Mönchen in ihren typischen Gewändern. Nach ein paar Stunden stand ich auf, um zur Toilette zu gehen.

Der Dalai Lama unterbrach prompt seinen Vortrag, schaute mich an und fragte: »Verlässt du uns?«

»Nein, Eure Heiligkeit, ich gehe nur kurz raus.« Ich sah in seinen Augen den Schalk aufblitzen. »Komm her, komm her«, so winkte er mich zu sich heran. »Komm näher.« Ich ging nach vorn bis vor seinen Thron. Er beugte sich vor und flüsterte: »Ich wollte nur mal schauen, wie viele Haare noch übrig sind«, und nahm mir meine Mütze vom Kopf. Er lachte, woraufhin sämtliche Anwesenden auch schmunzeln mussten.

Können Sie sich das vorstellen? Kein anderes religiöses oder politisches Oberhaupt würde einen feierlichen Vortrag auf diese Weise unterbrechen. Er setzte mir die Mütze wieder auf meinen fast kahlen Kopf und sagte: »Geh. Du kannst jetzt gehen. Nutze deine Freiheit gut.«

Frotzeleien wie diese sind spontane Liebesbeweise und, wie ich meine, sehr persönliche und verspielte Segnungen.

Lächelnd und mit geneigtem Haupt empfängt der Dalai Lama einen Tikka-Segen und eine Agni-puja-Begrüßung und zeigt dadurch, wie Respekt und Anteilnahme religiöse Grenzen überwinden.

SONY

Seine Heiligkeit bezeichnet Indien gern als seinen »Guru« und nimmt mit Begeisterung an Ritualen aller Religionen teil.
Vorhergehende Doppelseite: Rituelle Fußwaschung seiner Heiligkeit vor einem gemeinsamen Gebet in Sivagiri Mitt, Kerala.
Diese Seite: 2001 beim Maha Kumbh Mela in Allahabad mit dem Shankaracharya von Kanchi Peetham.
Linke Seite: Durchführung eines Puja Yagna gemeinsam mit einem Hindu-Priester.

An der Gandhi-Gedenkstätte Gandhi Smriti des Birla House, zusammen mit Naresh Trehan, Amjad Ali Khan und Kapila Vatsyayan. Dieser Besuch im Jahr 2009 war Teil eines Ausflugs zu religiösen Stätten in Delhi, eine Dankesgeste gegenüber seinem Gastgeber Indien und ein Beweis für das Engagement Seiner Heiligkeit für den Frieden zwischen den Religionen.

Im Beisein von Kapila Vatsyayan schlägt der
Dalai Lama den Weltfriedensgong.

Beim Verlassen des Lakshmi Marayan-Tempels, auch Birla Mandir genannt, der in den 1930er-Jahren im Auftrag der Familie Birla erbaut wurde.

PRAY FOR
INDIA
His Holiness
The Dalai Lama

Diese Seite: Der Dalai Lama inmitten von Jainisten.
Rechte Seite: Rituelles Gebet in der Nizamuddin-Chilla-Moschee, dem Schrein des Sufi-Heiligen Hazrat Nizamuddin Auliya aus dem 14. Jahrhundert.

Der Dalai Lama mit dem Imam der Nizamuddin-Chilla-Moschee.

Der Dalai Lama erhält in der Jud'ah-Hymn-Synagoge eine Kippa und den Segen des Rabbi.

In der Church of Redemption, auch Viceroy Church genannt. Die Kathedrale ist das größte protestantische Gotteshaus in Neu-Delhi.

INDIA
with
His Holiness
The Dalai Lama
March 31st, Delhi
His Holiness

Ein Besuch bei der 1939 von Mahatma Gandhi
gegründeten Mahabodhi Society.

Der Dalai Lama im angeregten Gespräch mit seiner langjährigen Freundin,
der richtungsweisenden indischen Intellektuellen Kapila Vatsyayan.

WIE DER HIMALAJA

Vor vielen Jahren kam ich nach Dharamsala: Der Dalai Lama wohnte noch in einem von den Briten erbauten Bungalow, der allgemein als »der Palast« bezeichnet wurde. Ich hatte ein bestimmtes Panoramabild im Kopf und wollte diese Idee umsetzen. Als ich Seiner Heiligkeit erklärte, dass mir die Aufnahme sehr wichtig sei, fragte er nur: »Was kann ich für dich tun?« Ich antwortete: »Ich möchte eine Stelle finden, wo die Berge im Hintergrund zu sehen sind.« Er wies einen seiner Sekretäre an, mich überall herumzuführen.

Ich kletterte auf das Dach des Bungalows und betrachtete von dort aus die Berge der Dhauladar-Range. Dann entdeckte ich einen Raum, der eine Etage höher lag und das Bungalowdach überragte. Es führte keine Treppe hinauf, weshalb der Sekretär eine Leiter holte. Ich stieg hinauf und fand einen Punkt, an dem ich Seine Heiligkeit mit dem majestätischen Himalaja im Hintergrund fotografieren konnte.

Nachdem eine dick gepolsterte Matte hinaufgeschleppt worden war, auf der Seine Heiligkeit bequem sitzen konnte, kletterte er hinterher, nahm auf der Matte Platz und machte sich für die Aufnahmen bereit. Ich begriff, dass ich diesen kostbaren Augenblick nutzen sollte, der so informell und persönlich war. Ich schoss mehrere Fotos hintereinander, manche mit Blitz, manche ohne. In meiner Kamera befand sich, wie zu dieser Zeit üblich, Filmmaterial, das erst entwickelt werden musste. Ich konnte also nicht wissen, wie die Fotos aussehen würden. So entstanden die Bilder, die auf den folgenden Seiten zu sehen sind.

Der Dalai Lama wirkt so stark und stattlich und majestätisch wie der Himalaja selbst. Als wir uns ein paar Jahre später trafen und er gerade eine Operation hinter sich hatte, fragte er mich: »Wie sehe ich aus?« Ich erinnerte mich an die Aufnahmen und antwortete: »Eure Heiligkeit, Ihr seht so stark und prächtig aus wie der Himalaja.«

118

Sowohl für tibetische Laien als auch für Mönche ist
Bodhgaya ein Ort, an dem man sich im Winter versammelt,
um zu beten und spirituelle Erneuerung zu erlangen.

Bodhgaya ist der Ort, an dem der Buddha unter dem Bodhi-Baum erleuchtet wurde.

Wenn der Dalai Lama in Bodhgaya Seminare, Gebetsversammlungen oder tantrische Rituale leitet, strömen Tausende von Gläubigen herbei.

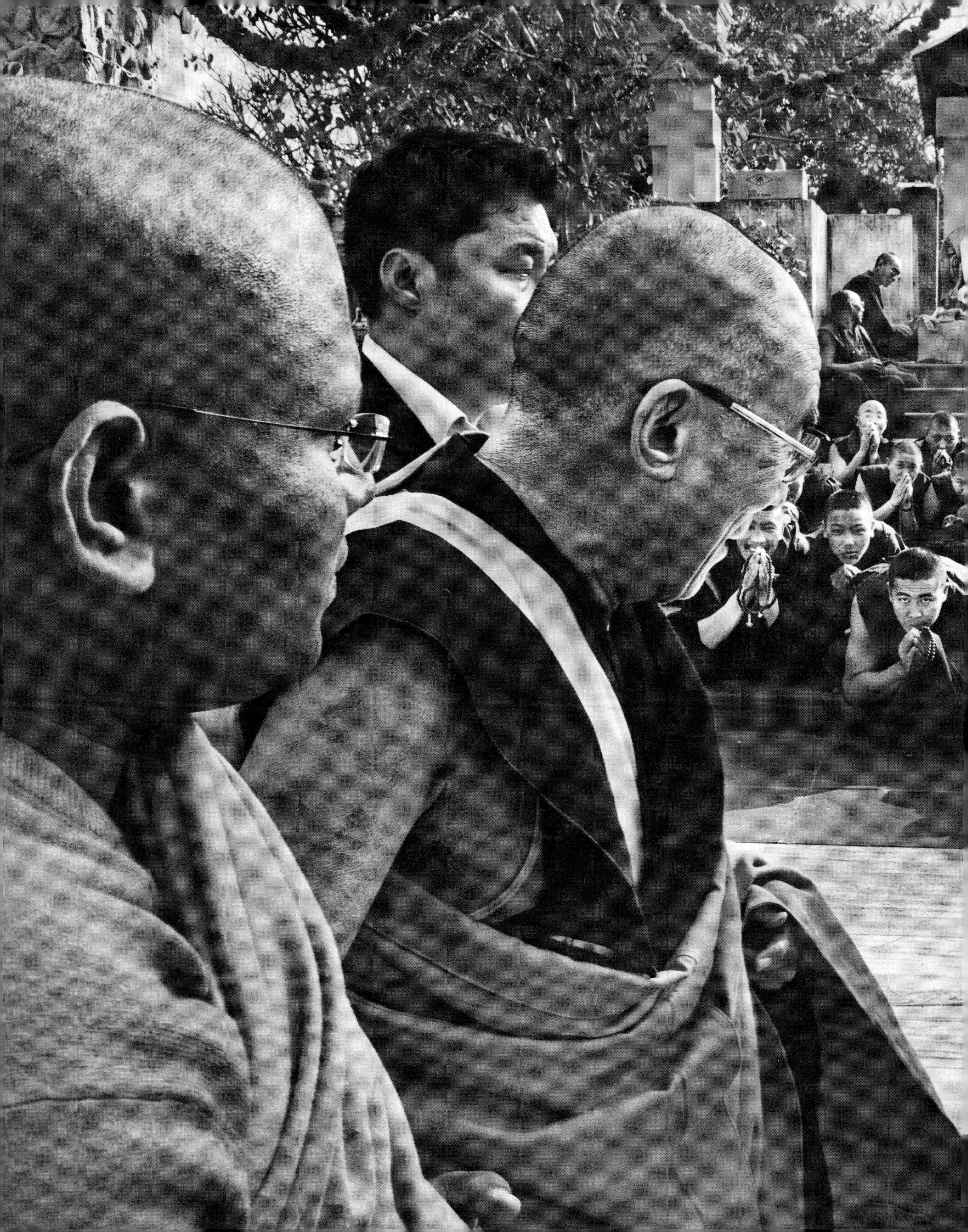

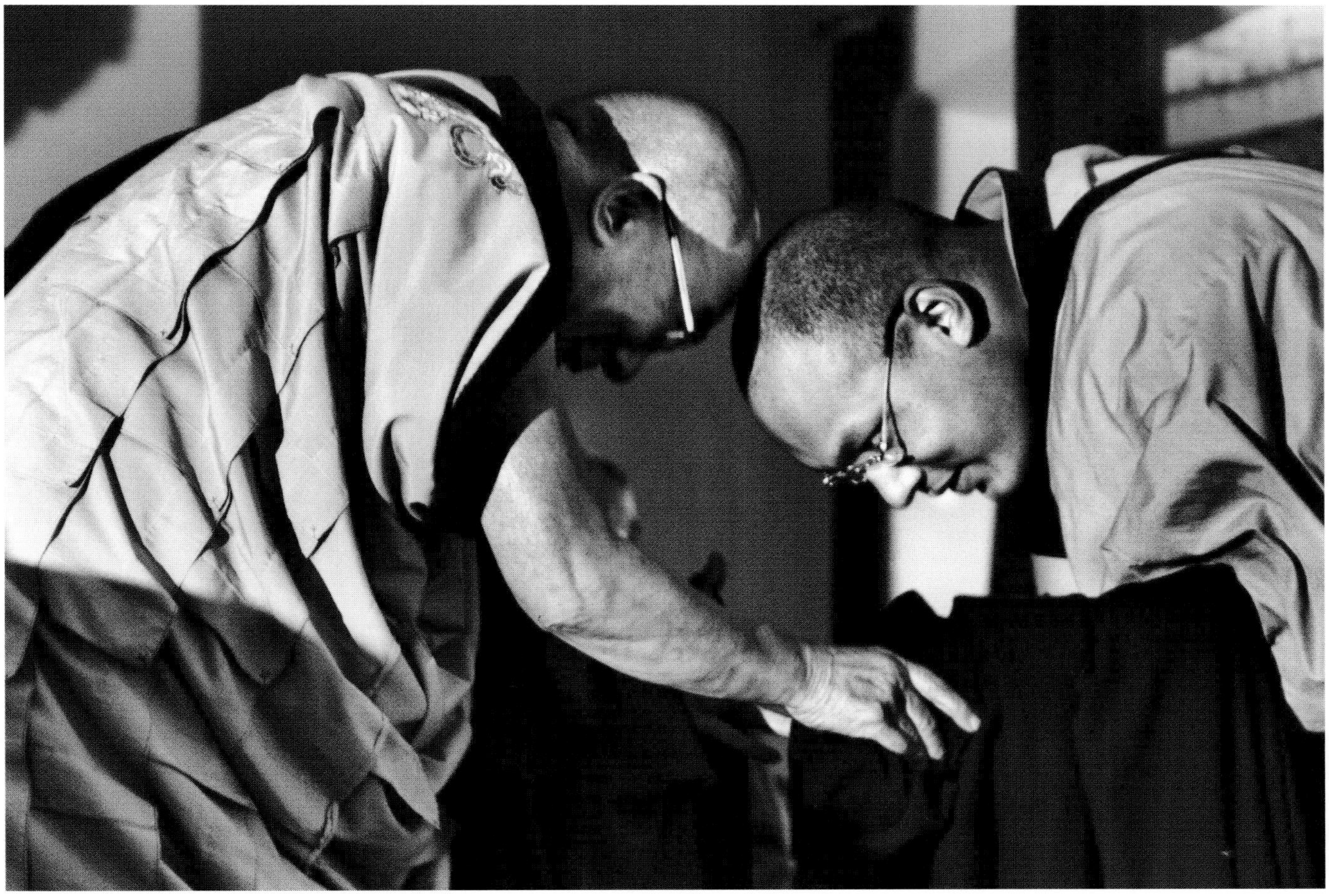

Diese Doppelseite: Im Alter von 14 Jahren floh Seine Heiligkeit der 17. Gyalwa Karmapa kurz vor der Millenniumswende aus dem von den Chinesen besetzten Tibet, um dem Dalai Lama ins Exil zu folgen.

Folgende Doppelseite: Der Karmapa, Oberhaupt der Karma-Kagyü-Schule (links), zusammen mit hohen Würdenträgern der buddhistischen tibetischen Schulen Gelug und Sakya, dem Ganden Thripa Rinzong Rinpoche (Mitte) und Seiner Heiligkeit Sakya Trinzin (rechts).

ERVED
HDL
CIAL

Der Dalai Lama begrüßt Freunde und Schüler bei einem 2014 von der Foundation for Universal Responsability veranstalteten Seminar in Neu-Delhi, bei dem ausgewählte tibetische Texte gelesen wurden.

Der Dalai Lama bei dem Seminar in Neu-Delhi 2014.

Der Dalai Lama bittet alle Anwesenden, sich zu setzen.

EINE ENGE BEZIEHUNG

Wenn mich Seine Heiligkeit umarmt, ich seine Umarmung erwidere und seine Schulter küsse, dann denke ich nicht darüber nach, ob ich seine Schulter verunreinige oder ob er meine Liebe spüren kann. Aber natürlich ist es meine Aufgabe als Fotograf, wirklichkeitsgetreu wiederzugeben, was ich selbst sehe und erlebe.

Seine Heiligkeit ist ein wunderbarer liebevoller Mensch, der zu seinen Gefühlen steht. Dass er sich als meinen Freund bezeichnet, ist unfassbar gütig von ihm. Ebenso erstaunlich ist, wie er sich mir und anderen ohne Vorbehalte nähert. Er reicht uns seine Hand und schenkt uns seine ungeteilte Aufmerksamkeit.

Vor ein paar Jahren lernte ich in Hongkong den chinesischen Fotografen Yang Yan Kang kennen, der zehn Jahre seines Lebens in Tibet verbracht hatte und ein Buch mit einfühlsamen Schwarz-Weiß-Fotografien veröffentlichte. Er schickte mir ein Exemplar für den Dalai Lama, mit der Widmung: »Eure Heiligkeit, Euer Volk und Euer Land warten auf Euch.« Als ich Seine Heiligkeit bei einer Veranstaltung in Neu-Delhi aufsuchen wollte, sagte man mir, der Dalai Lama sei zu beschäftigt, um mich zu empfangen. Doch als er mich entdeckte, umarmte er mich lange, und es war, als würde rings um uns herum alles zum Stillstand kommen. Ich konnte Seiner Heiligkeit das Buch überreichen, und er sagte: »Wunderbar. Herzlichen Dank.« Sein Volk in Tibet, aber auch die Chinesen, sind dem Dalai Lama sehr wichtig.

Für alle Tibeter, egal ob sie in Indien, in ihrer Heimat oder irgendwo sonst auf der Welt leben, stellt »Yeshe Norbu« (»das kostbare Juwel der Dalai Lama«) den Mittelpunkt ihres Lebens dar. Obgleich er bereits über achtzig Jahre alt ist und von seinem Amt als politisches Oberhaupt Tibets zurückgetreten ist, reist der Dalai Lama sehr viel, um das Interesse der Weltöffentlichkeit an Tibet wachzuhalten. Immer wieder mahnt er sein Volk, niemals aufzugeben.

Die Ursprünge des Buddhismus liegen in Indien. Die Religion erlebte hier eine Blütezeit, bevor sie vom Brahmanismus fast komplett verdrängt wurde. Seine Heiligkeit brachte uns den Buddhismus zurück und erweckte ihn zu neuem Leben.

»Meine Religion ist die Nalanda-Schule«, erinnert er seine Zuhörer bei Vorträgen und spielt dabei auf die einst größte buddhistische Universität an, die sich in Nalanda im heutigen Indien befand. »Deshalb ist Indien mein ›Guru‹ und ich bin sein *Chela* – sein ›Student‹.«

5.4m
15.6V
Media Full
1920/50i
26%
03:40:58:17
High Light
A: 0min
B:---min
0dB Off
CH1
CH2

Diese Doppelseite: Von seiner Heiligkeit abgehaltene Kalachakra-Initiationen ziehen Tausende von Gläubigen aus aller Welt an – auch aus China. Dieser Höhepunkt des Tantra-Yoga, in dem einst der Buddha Shakyamuni einen König von Shambhala unterwies, soll alle Lebewesen des Universums mit einem zukünftigen goldenen Zeitalter des Buddha Dharma verbinden.

Folgende Doppelseite: Der Dalai Lama spricht bei dem Kalachakra 2014 in Ladakh vor internationalem Publikum.

KINLEY

Wie besessen laufen ein tibetischer Laie (linke Seite)
und eine Muslima aus Kargil (diese Seite) auf den Dalai Lama zu,
um sich von ihm segnen zu lassen.

Folgende Doppelseite: Kurz nachdem sie mit Seiner Heiligkeit
gesprochen hat, fällt die junge Frau in Ohnmacht.

Meditationen in Mußestunden.

Linke Seite: Rituelle Vorbereitung eines Kalachakra-Mandalas.
Diese Seite (unten): Die ersten gefärbten Sandkörner werden gelegt. Die zahlreichen dargestellten Gottheiten stehen für die astrologische Komplexität von Sternen, Planeten und Konstellationen, die von den versammelten Gläubigen im Laufe der mehrtägigen Initiation visualisiert werden.

Der Dalai Lama leitet die Teilnehmer dazu an, sich mit dem Mandala zu verbinden.

EINE REINE SEELE

Als ich Seiner Heiligkeit zum ersten Mal begegnete, stand er in der Blüte seiner Jahre. Damals sprach er noch kaum Englisch, doch im Laufe der vier Jahrzehnte unserer Bekanntschaft durfte ich miterleben, wie er sich diese Sprache aneignete. Er lernte, seine Gedanken und seinen Humor klar auszudrücken und in einfache Worte zu fassen. Gleichzeitig wuchsen seine spirituellen Kräfte in überwältigendem Ausmaß. Trotzdem ist der Dalai Lama so bescheiden, dass er sich vor einem 25-jährigen jüdischen Rabbi verneigt, um dessen Segen zu empfangen.

Wenn göttliche Energie in menschlicher Gestalt auftritt, dann um zu zeigen, dass wir alle die Chance haben, damit in Kontakt zu kommen. Nur die reinsten Seelen strahlen eine solche Energie aus und besitzen die Kraft, andere zu heilen. Sie sind in der Lage, das Leben der Menschen, die ihnen begegnen, zu verändern. Mohammed, Jesus Christus, Ram und Guru Narak weilten alle in menschlicher Gestalt auf unserem Planeten: heilige, spirituelle Seelen, verbunden mit der göttlichen Energie. Sie alle kamen nicht als Götter auf die Erde, sondern als sterbliche Menschen.

Ich fühle mich seit jeher zu Menschen hingezogen, die von spiritueller Kraft erfüllt sind. Als ich Mutter Theresa, Guruji, Sadhguru und Seine Heiligkeit fotografierte und näher kennenlernen durfte, erkannte ich in ihren Augen die Kraft des Göttlichen. Wenn Seelen wie diese einen berühren, werden die Emotionen, die in diesem Moment existieren, überdeutlich – egal, welcher Art diese Gefühle sein mögen. Als mich der Dalai Lama umarmte und seinen Kopf auf meine Schulter legte, erfüllt mich seine spirituelle Energie augenblicklich.

Natürlich bin ich noch nie Gott begegnet. Aber dennoch bin ich mir sicher, dass Christus, Buddha, Guru Nanak und andere große Heilige von derselben Art gewesen sein müssen wie Seine Heiligkeit der 14. Dalai Lama.

Als Tibeter in aller Welt am 6. Juli 2015 den 80. Geburtstag Seiner Heiligkeit feierten, lud er seine Geschwister und deren Kinder und Enkel zu sich zum Mittagessen ein. Seinen älteren Bruder Gyalo Thondup (diese Seite) stellte er den Gästen als »Unruhestifter, zumindest manchmal« vor.
Seine Nichte Khando Tsering umarmte er still (rechte Seite).

Anwesend waren außerdem der jüngere Bruder seiner Heiligkeit, Tendzin Choegyal (diese Seite, Dritter von links) und seine jüngere Schwester Jetsun Pema (rechte Seite: stehend, ganz links).

Gläubige verfolgen Zeremonien anlässlich des
80. Geburtstags des Dalai Lama, die auf einem
Bildschirm im zentralen Tempel übertragen werden.

Gebete für ein langes Leben Seiner Heiligkeit
begleiten die Feierlichkeiten.

Bei einer Zeremonie anlässlich seines 80. Geburtstags werden Statuen als Opfergaben dargebracht, um ein langes Leben Seiner Heiligkeit zu erwirken.

Schüler der Schule des Tibetan Children's Village im Gebet für ein langes Leben des Dalai Lama.

177

Begegnung mit koreanischen Mönchen bei einem der alljährlichen Asian Teachings.

Bei den jährlichen Asian Teachings für Buddhisten aller
Richtungen Asiens wird simultan übersetzt.

Der Dalai Lama trägt beim Asian Teaching
alte tibetische Texte vor.

Das offizielle weibliche Orakel Tsering Chen-nga fällt im Haupttempel in Trance.

184

Gemeinsames Gebet mit Kabinettsministern und der Schwester Seiner Heiligkeit.

185

Segnung von Statuen bei der Puja-Zeremonie anlässlich der Feierlichkeiten zum 80. Geburtstag.

Der Dalai Lama mit seinem langjährigen Schüler, dem US-Schauspieler und Tibet-Unterstützer Richard Gere.

Eine Beziehung zwischen alten Weggefährten, geprägt von Zuneigung und Respekt, aber auch von Scherzen: Erzbischof Desmond Tutu begrüßte Seine Heiligkeit etwa mit den Worten: »Du raffinierter Dalai Lama.« Dessen Antwort lautete: »Du raffinierter Bischof.« Die beiden Friedensnobelpreisträger ähneln einander nicht nur hinsichtlich ihrer Weltoffenheit und ihrer ethischen Grundsätze, sie teilen auch denselben Sinn für Humor.

Da er kein Visum erhielt, konnte Seine Heiligkeit 2011 nicht an der Feier anlässlich von Desmond Tutus 80. Geburtstag teilnehmen. Umso mehr freute er sich, den Freund aus Südafrika bei seinem eigenen 80. Geburtstag 2015 als Gast begrüßen zu dürfen.

Folgende Doppelseite: Schüler aus der Schule des Tibetan Children's Village helfen Seiner Heiligkeit, die Geburtstagskerzen auszublasen.

Oben: Eine Umarmung von Seiner Heiligkeit.
Unten: Ein gemeinsames Foto mit meiner Tochter Avani.

DANK

Mein Dank gebührt dem Büro Seiner Heiligkeit des Dalai Lama für Archivbilder aus seinen frühen Jahren sowie Tenzing Choejor, der mir Fotos zur Verfügung stellte (S. 71, 100/101, 189), und Marilyn Silverstone (S. 29). Ebenso danke ich Tenzin Teklha, der spezielle Fototermine mit Seiner Heiligkeit ermöglichte.